T0267813

Potentes, prepotentes e impotentes

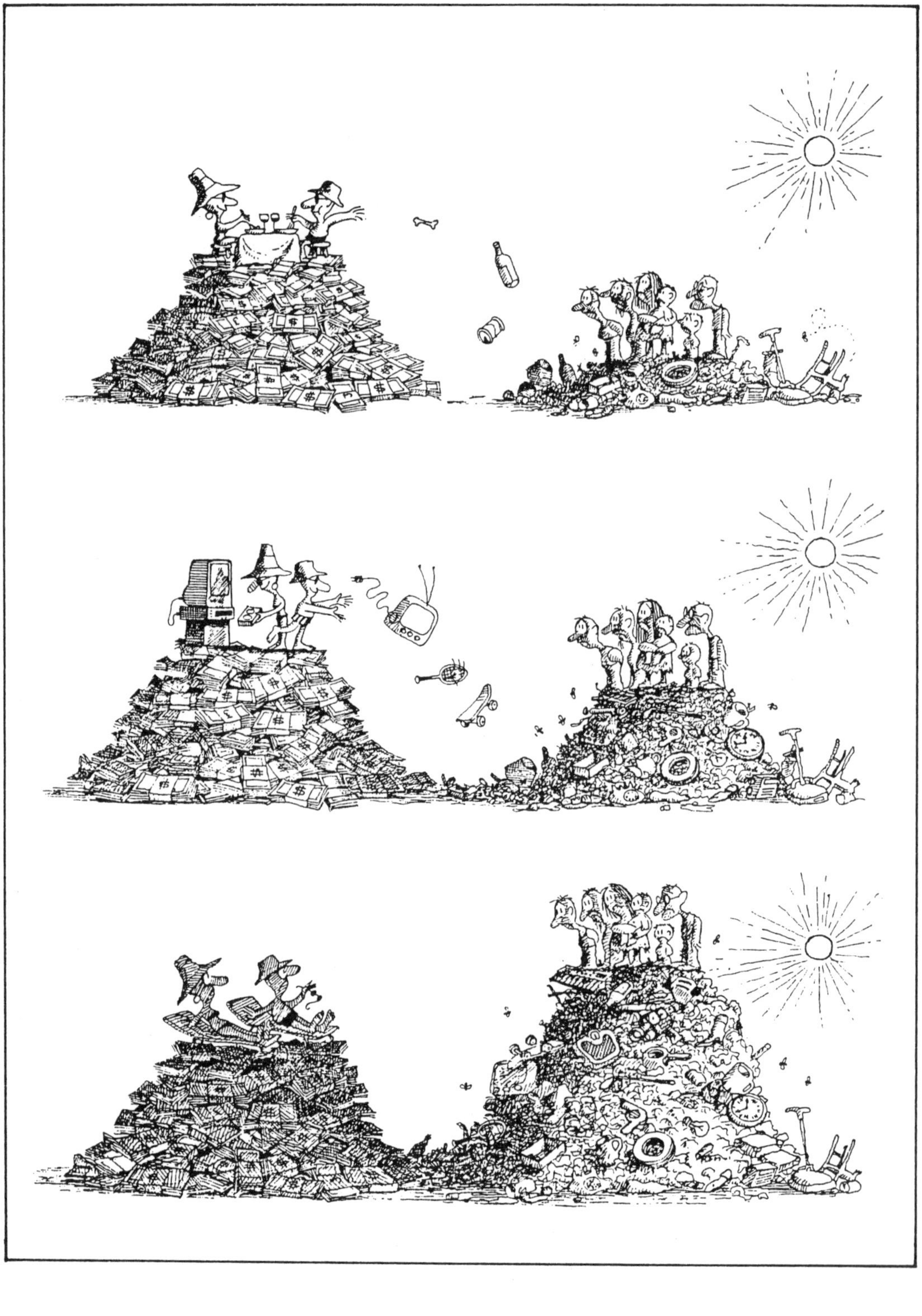

Potentes, prepotentes e impotentes

Lumen

Papel certificado por el Forest Stewardship Council®

Primera edición con este formato: julio de 2024

© 2024, Sucesores de Joaquín S. Lavado (Quino)
© 2024, Penguin Random House Grupo Editorial, S. A. U.
Travessera de Gràcia, 47-49. 08021 Barcelona

Printed in Spain – Impreso en España

ISBN: 978-84-264-3118-9
Depósito legal: B-9156-2024

Compuesto en M. I. Maquetación, S. L.
Impreso en Índice, S. L., Barcelona

H 4 3 1 1 8 9

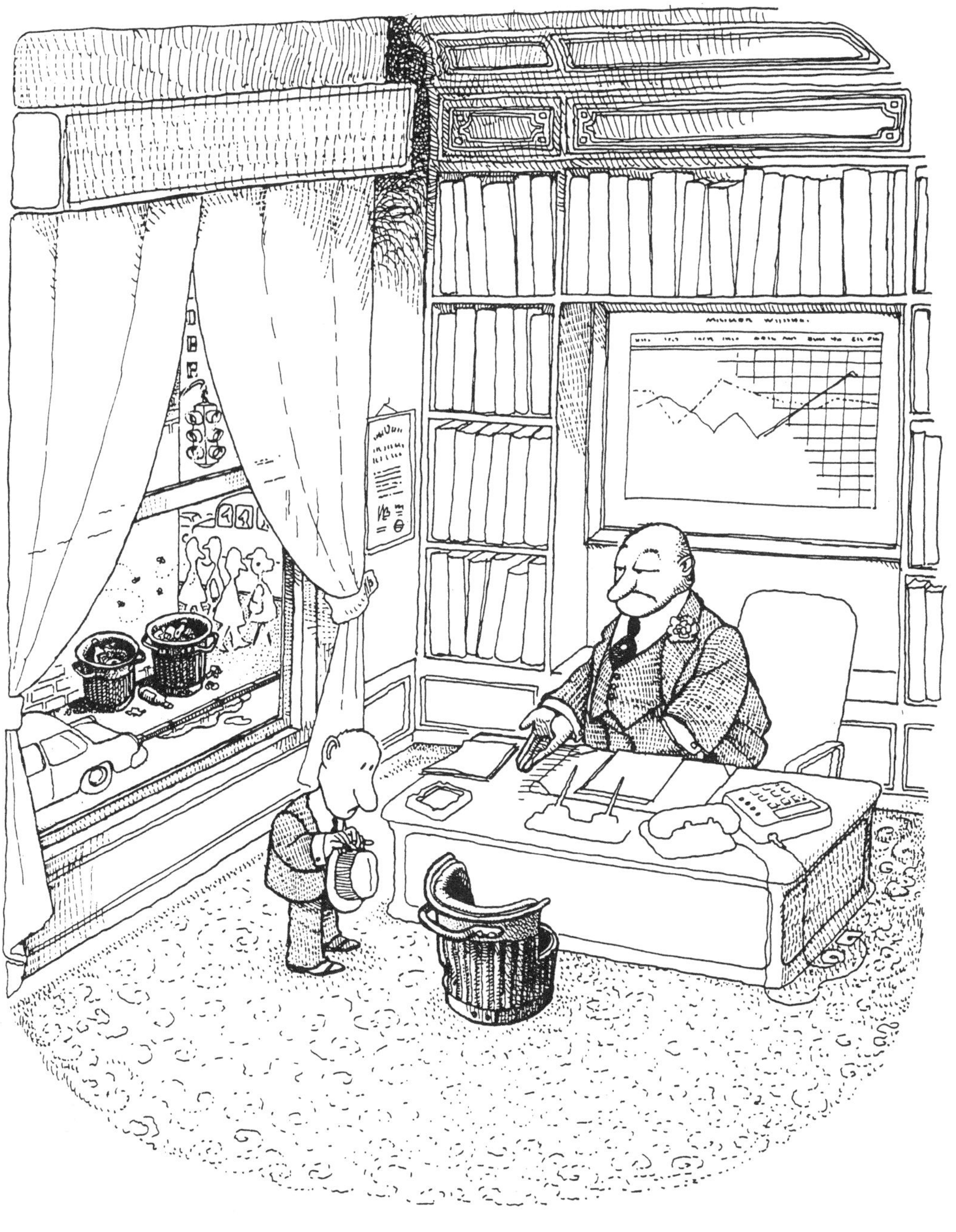

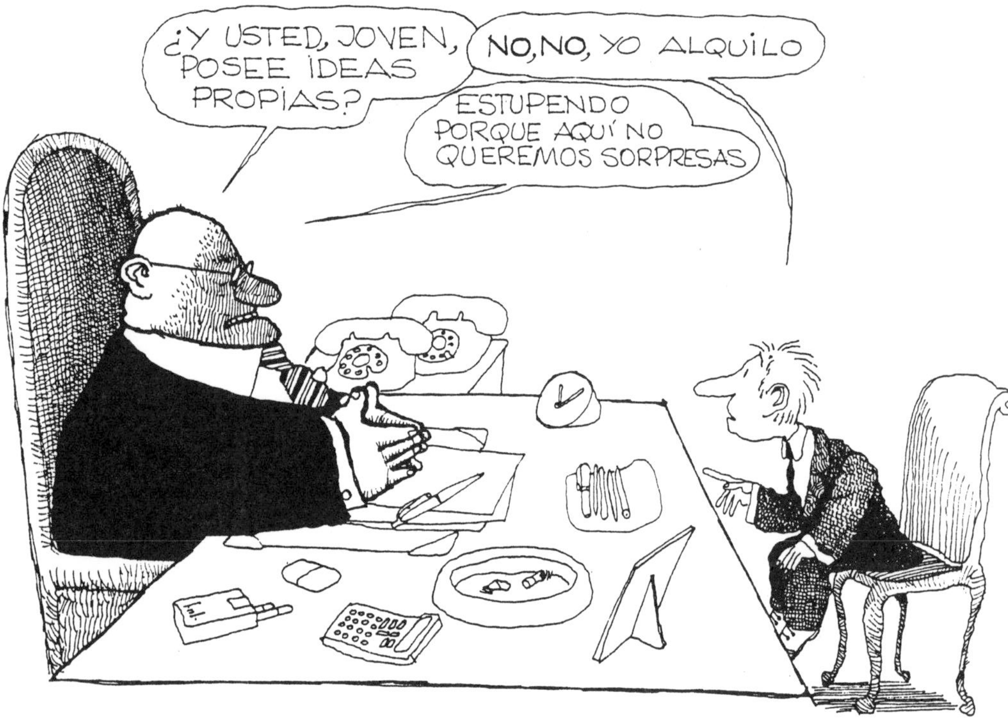
¿Y USTED, JOVEN, POSEE IDEAS PROPIAS?
NO, NO, YO ALQUILO
ESTUPENDO PORQUE AQUÍ NO QUEREMOS SORPRESAS

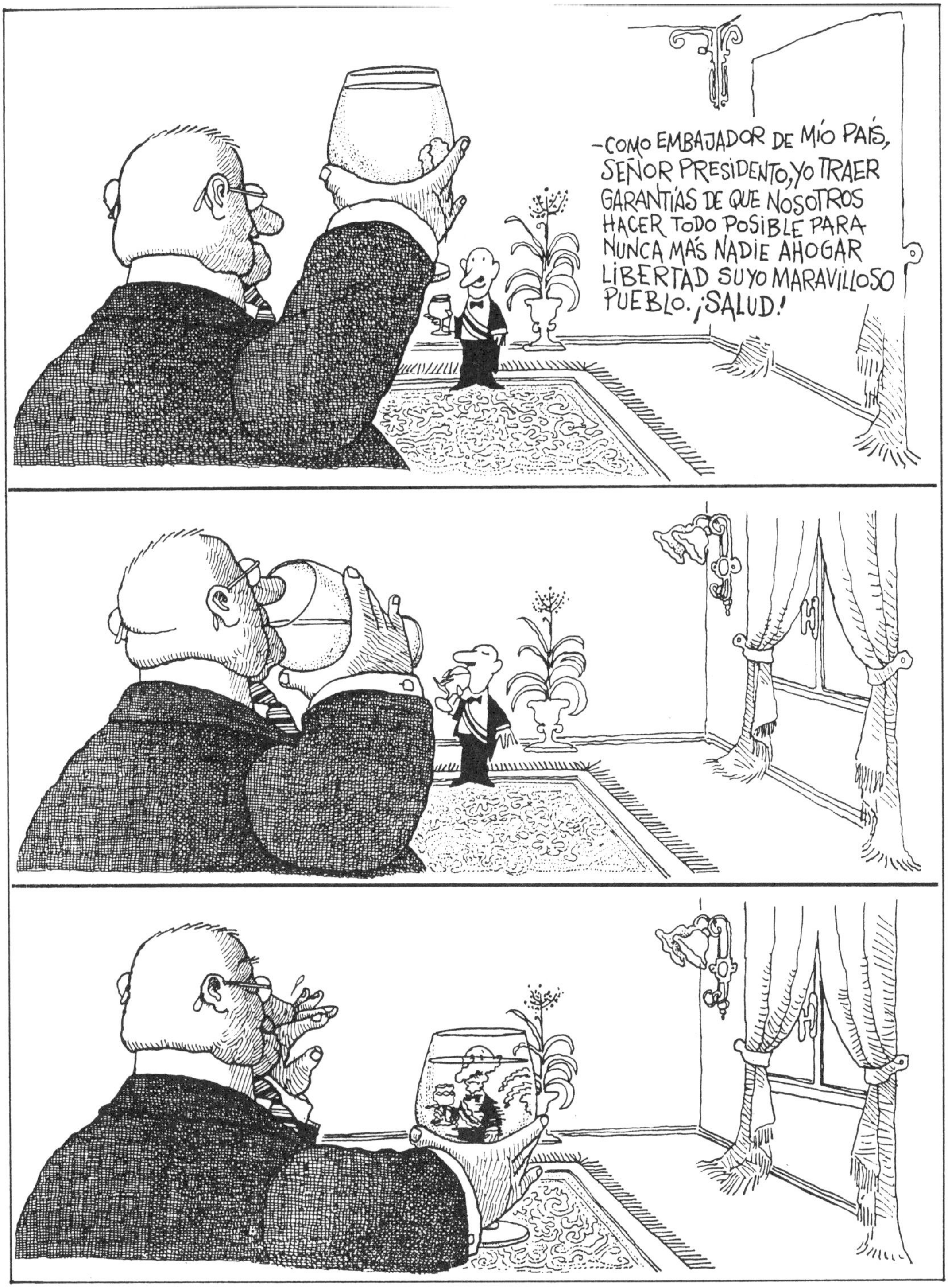
-COMO EMBAJADOR DE MÍO PAÍS, SEÑOR PRESIDENTO, YO TRAER GARANTÍAS DE QUE NOSOTROS HACER TODO POSIBLE PARA NUNCA MÁS NADIE AHOGAR LIBERTAD SUYO MARAVILLOSO PUEBLO. ¡SALUD!

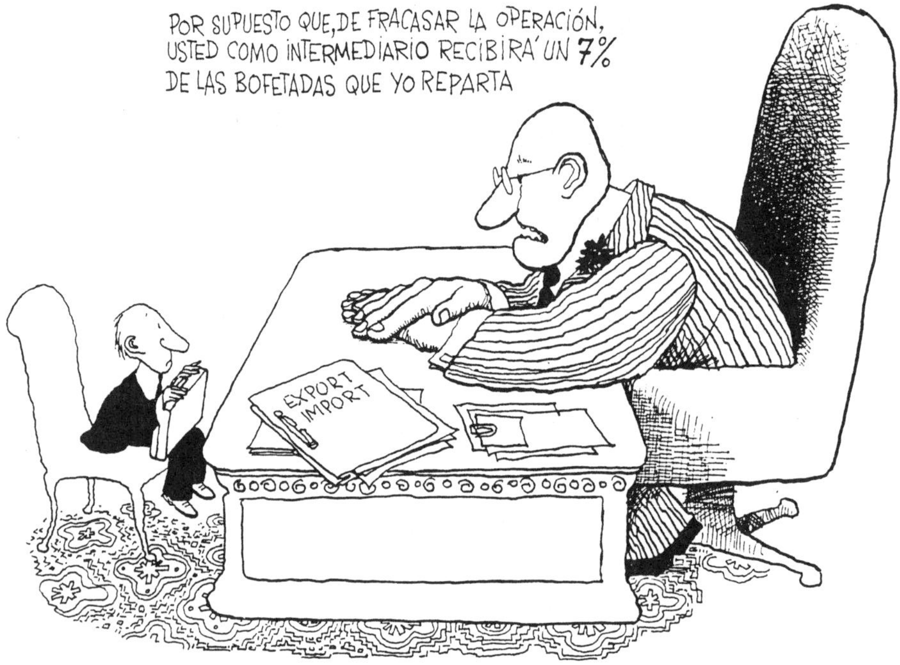
POR SUPUESTO QUE, DE FRACASAR LA OPERACIÓN, USTED COMO INTERMEDIARIO RECIBIRÁ UN 7% DE LAS BOFETADAS QUE YO REPARTA
EXPORT IMPORT

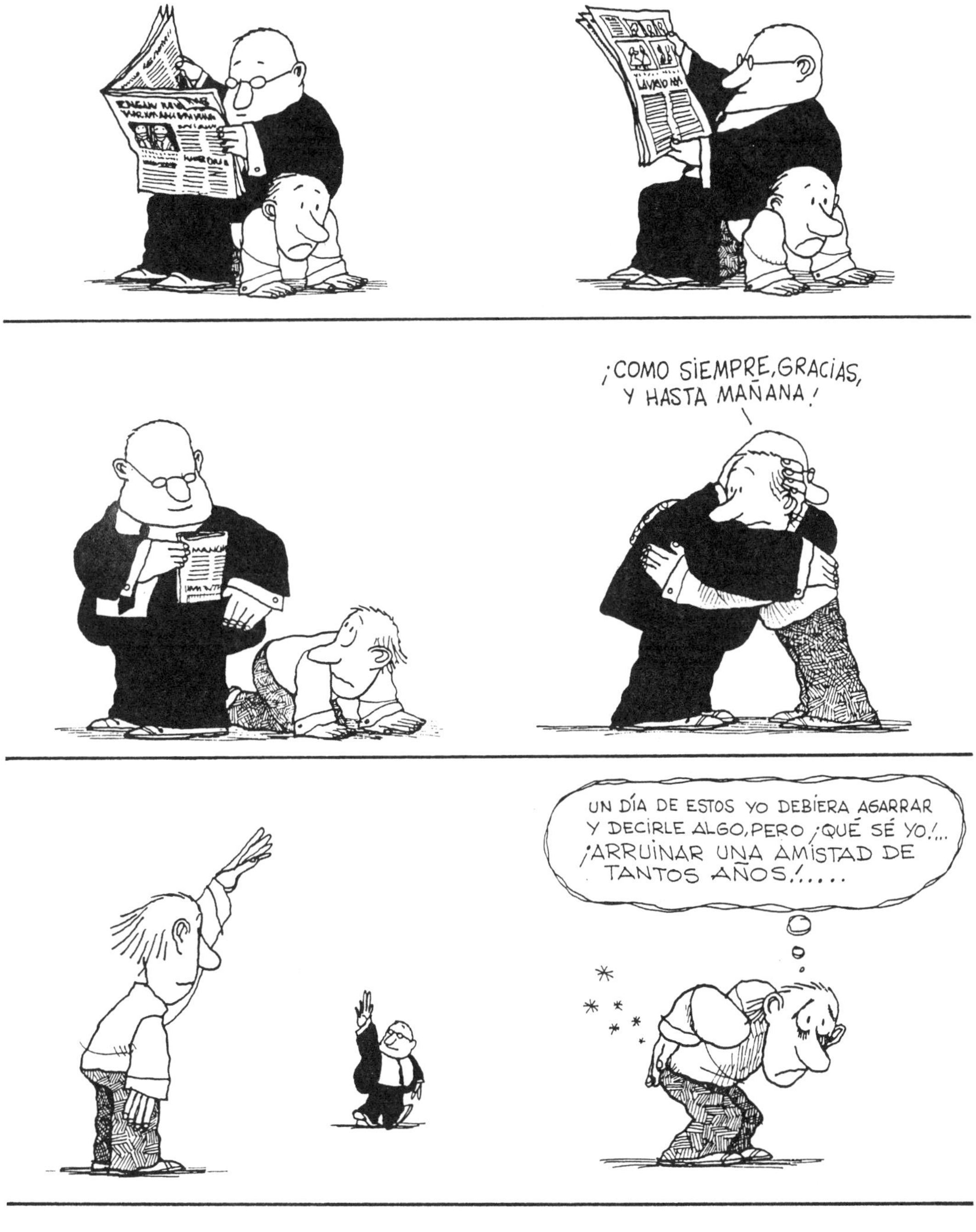
¡COMO SIEMPRE, GRACIAS, Y HASTA MAÑANA!
UN DÍA DE ESTOS YO DEBIERA AGARRAR Y DECIRLE ALGO, PERO ¡QUÉ SÉ YO!... ¡ARRUINAR UNA AMISTAD DE TANTOS AÑOS!.....

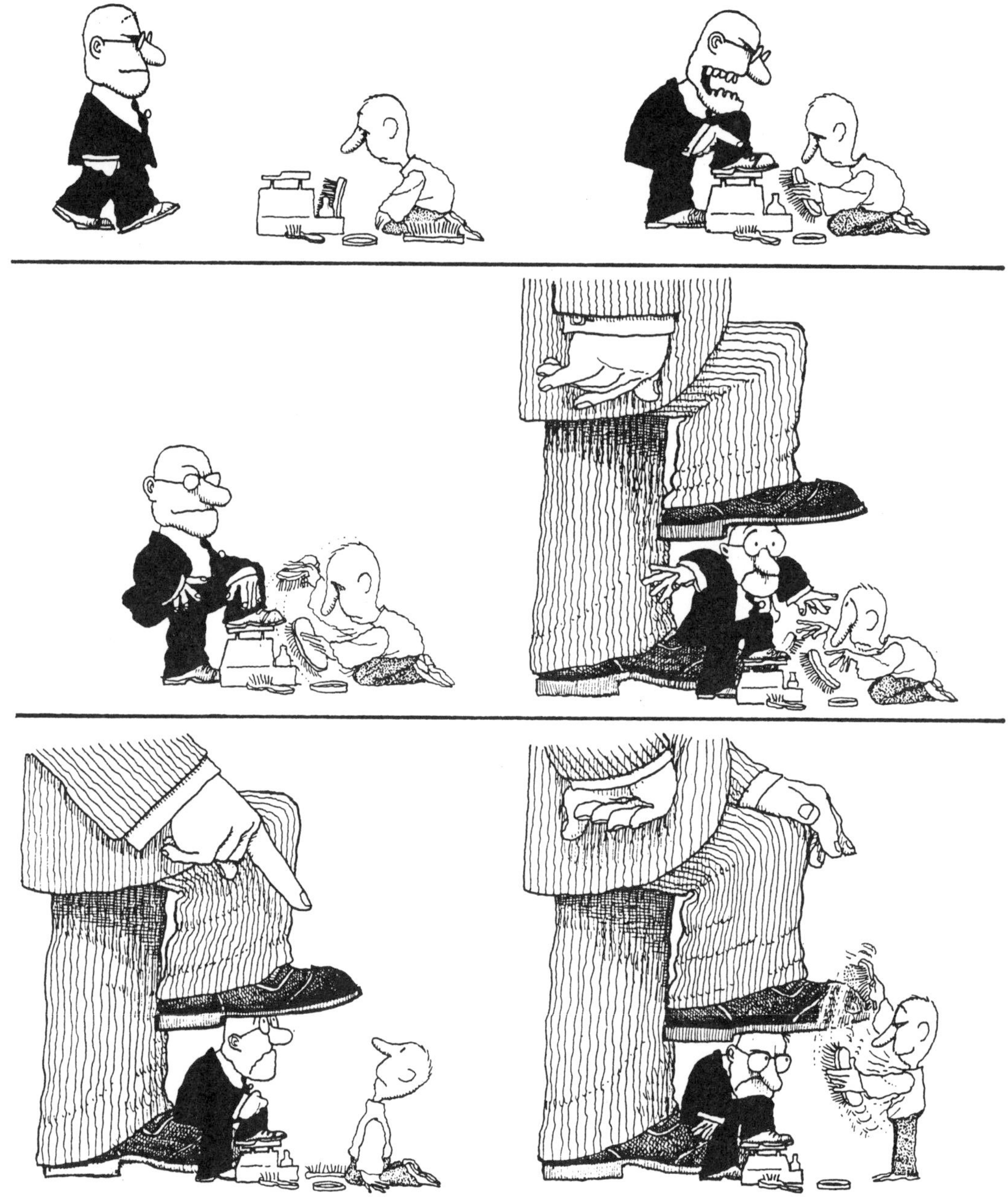

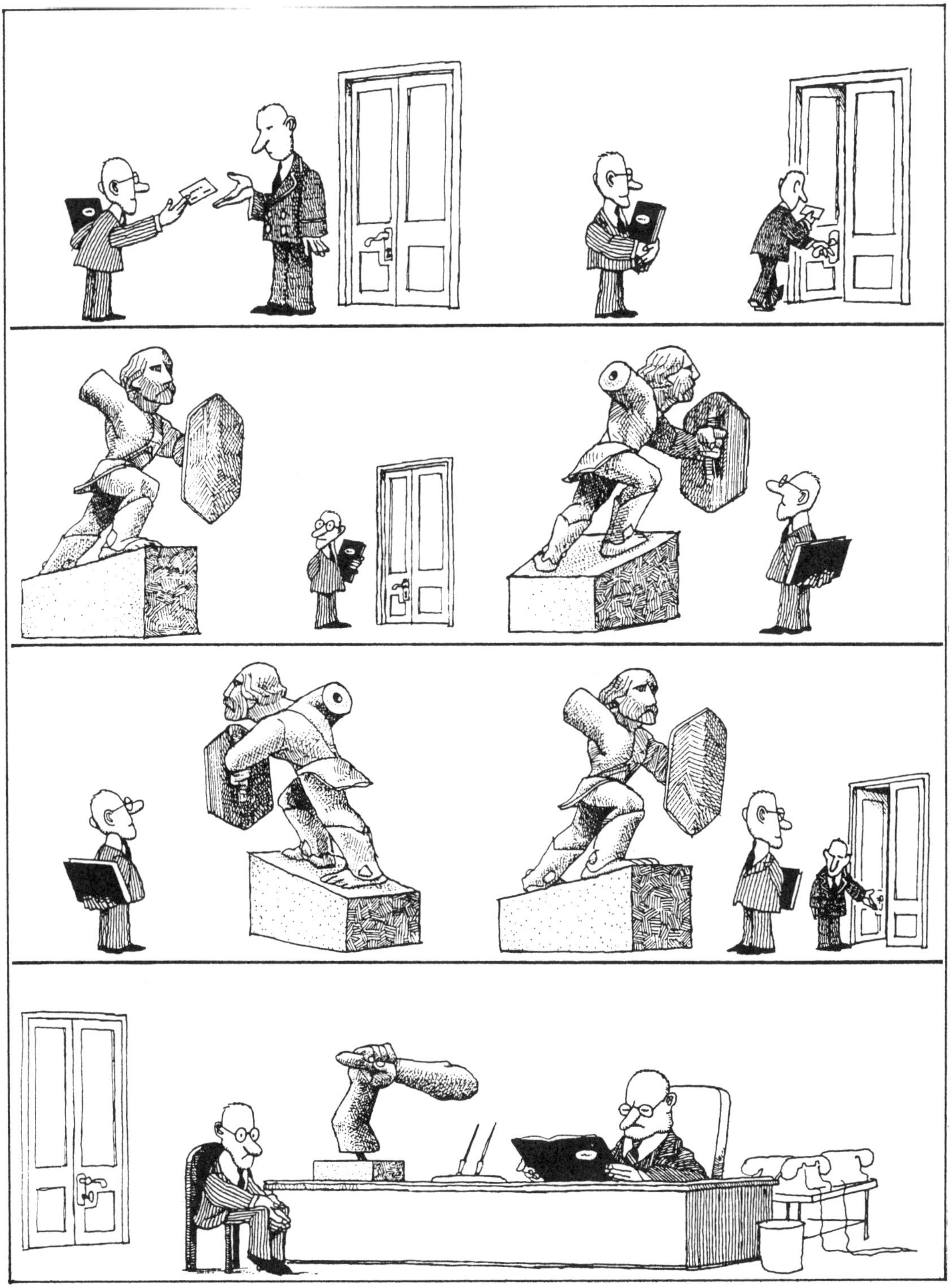

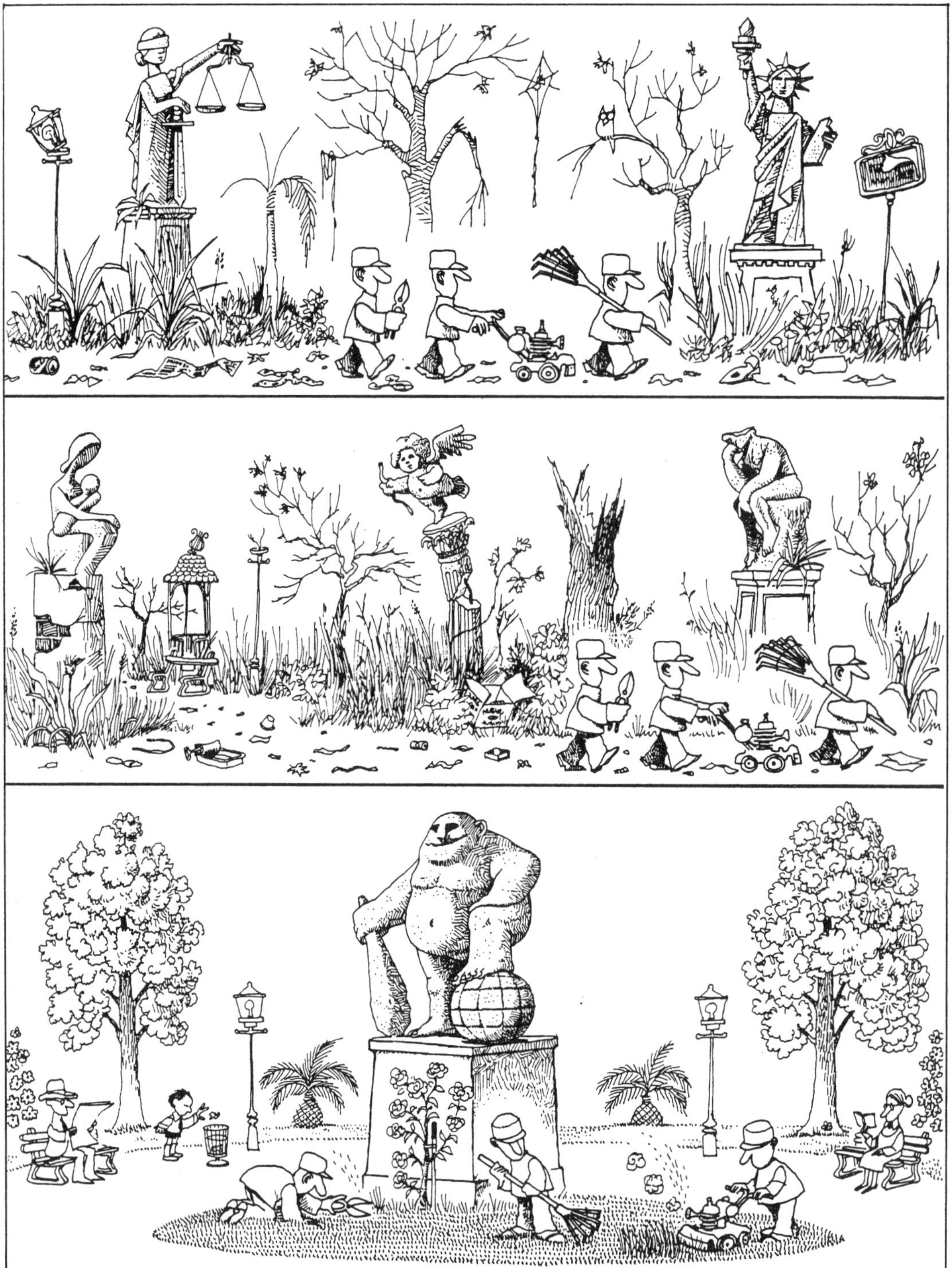

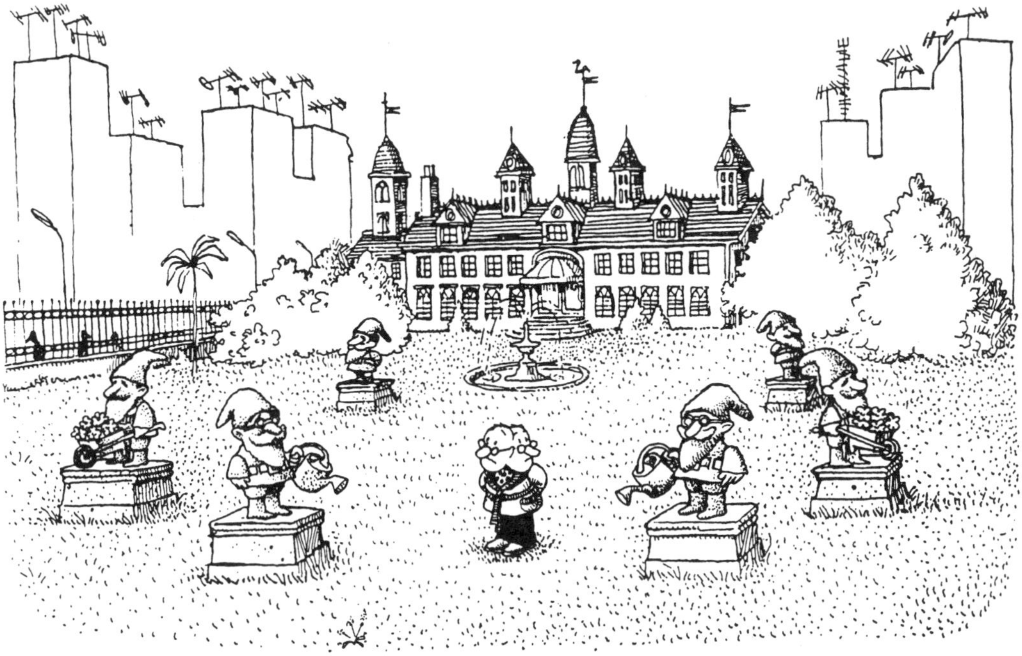

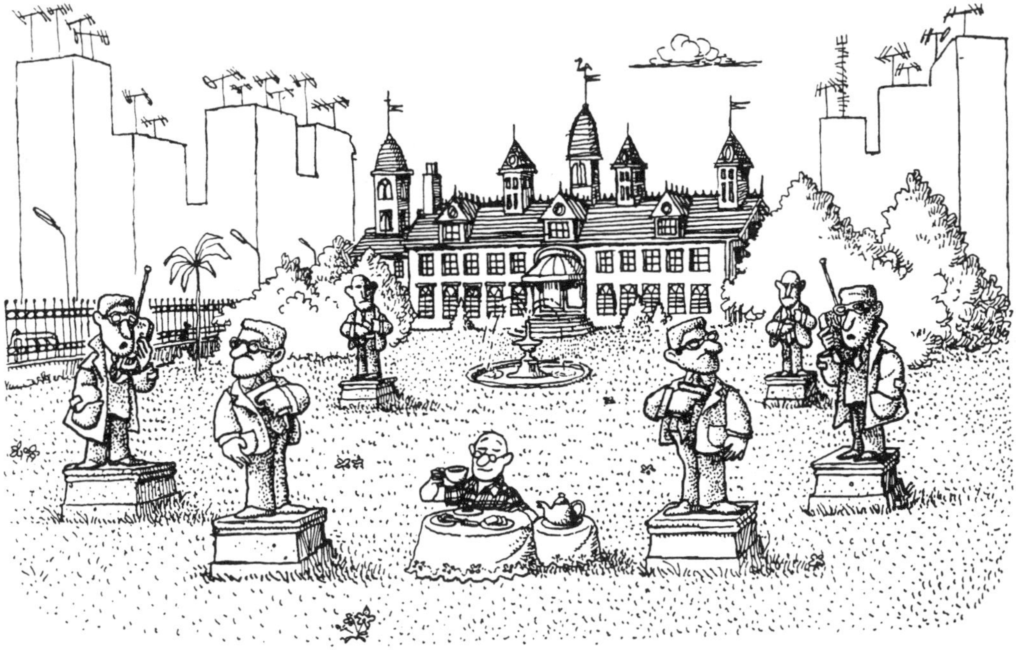

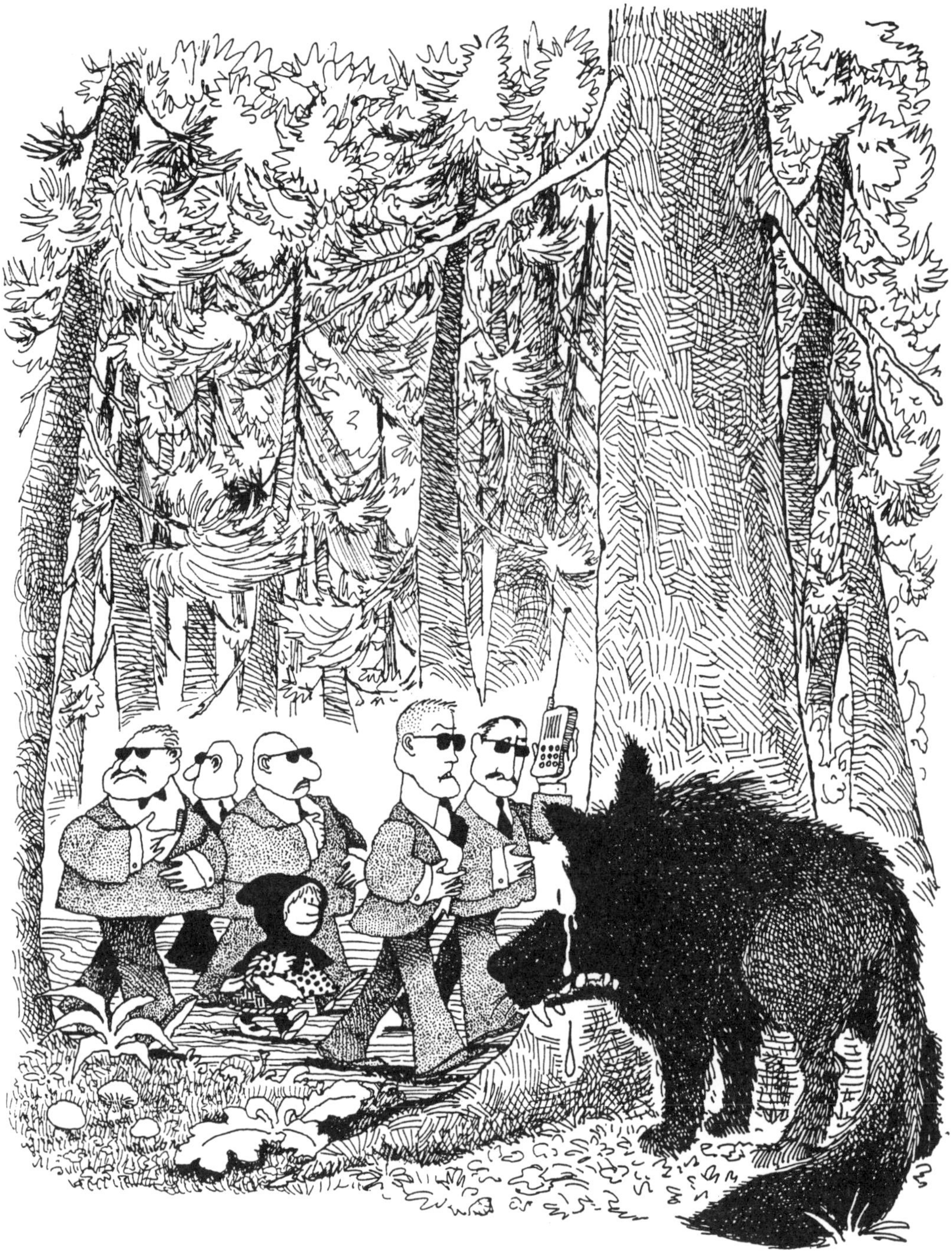

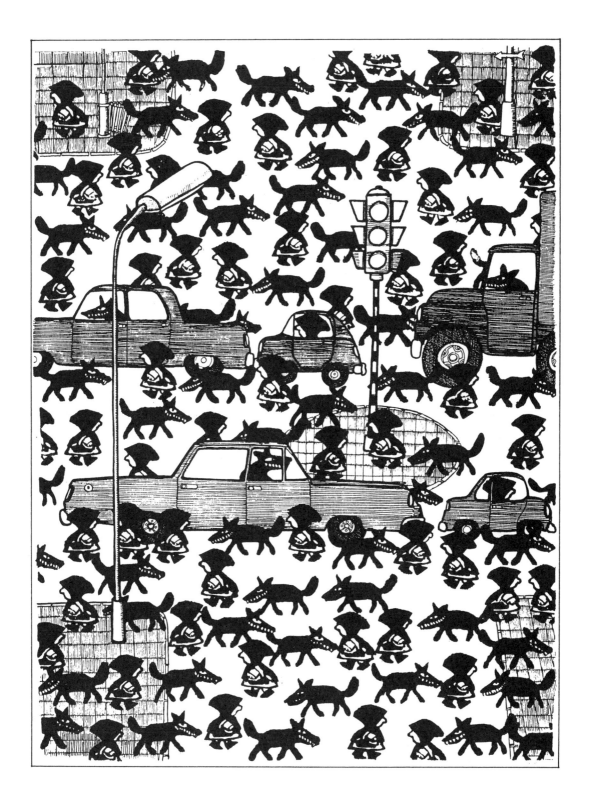

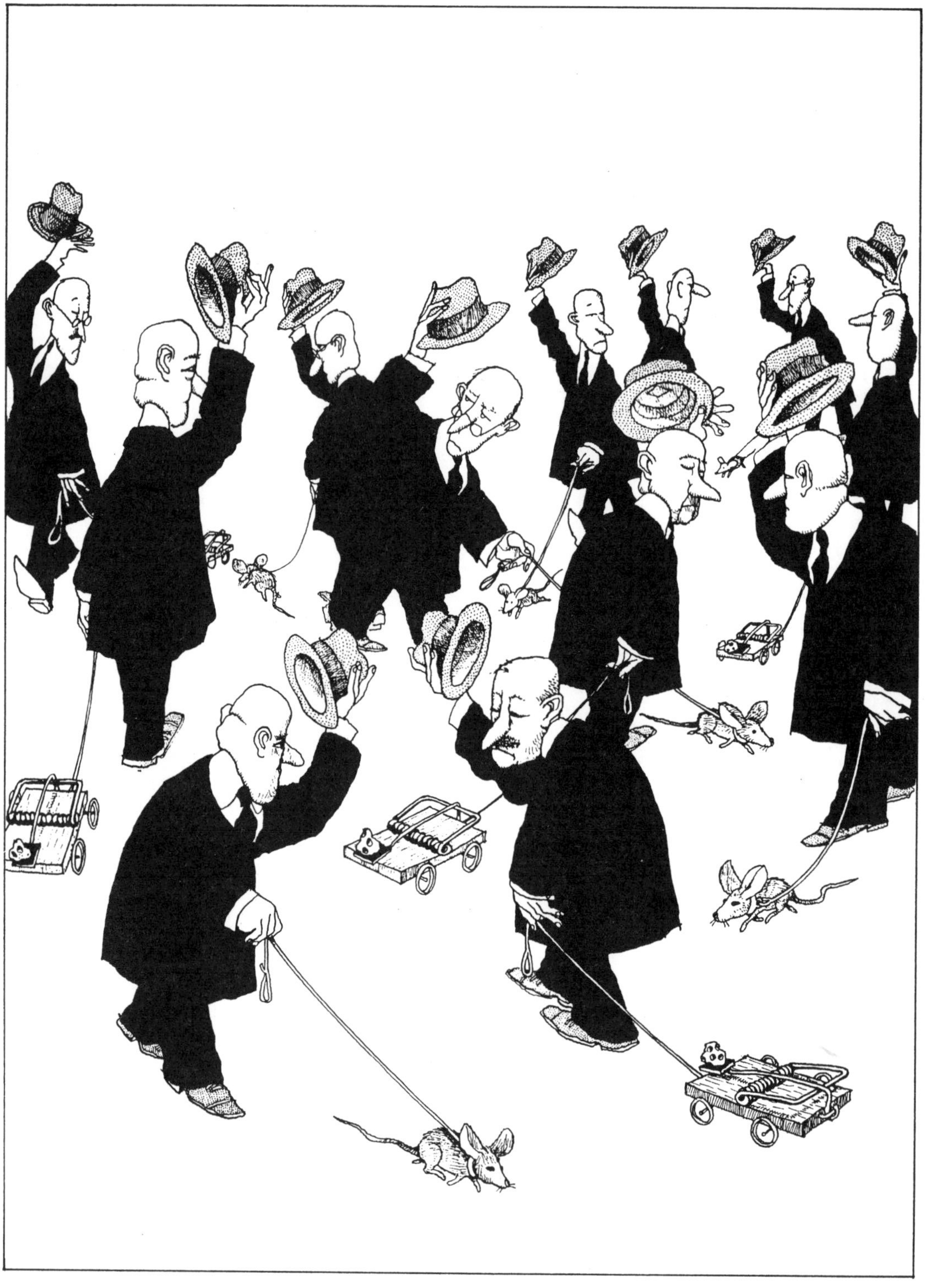

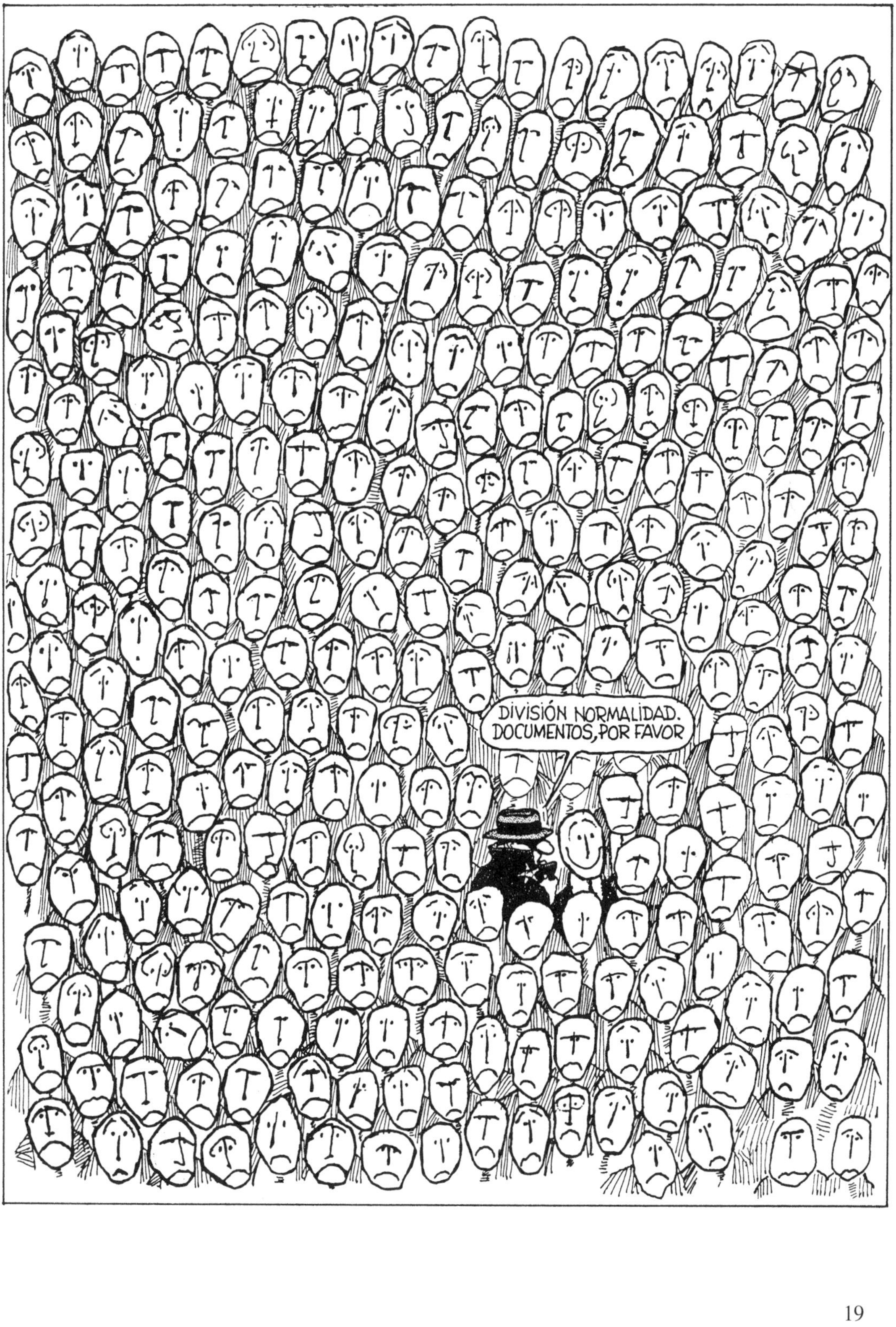
DIVISIÓN NORMALIDAD.
DOCUMENTOS, POR FAVOR

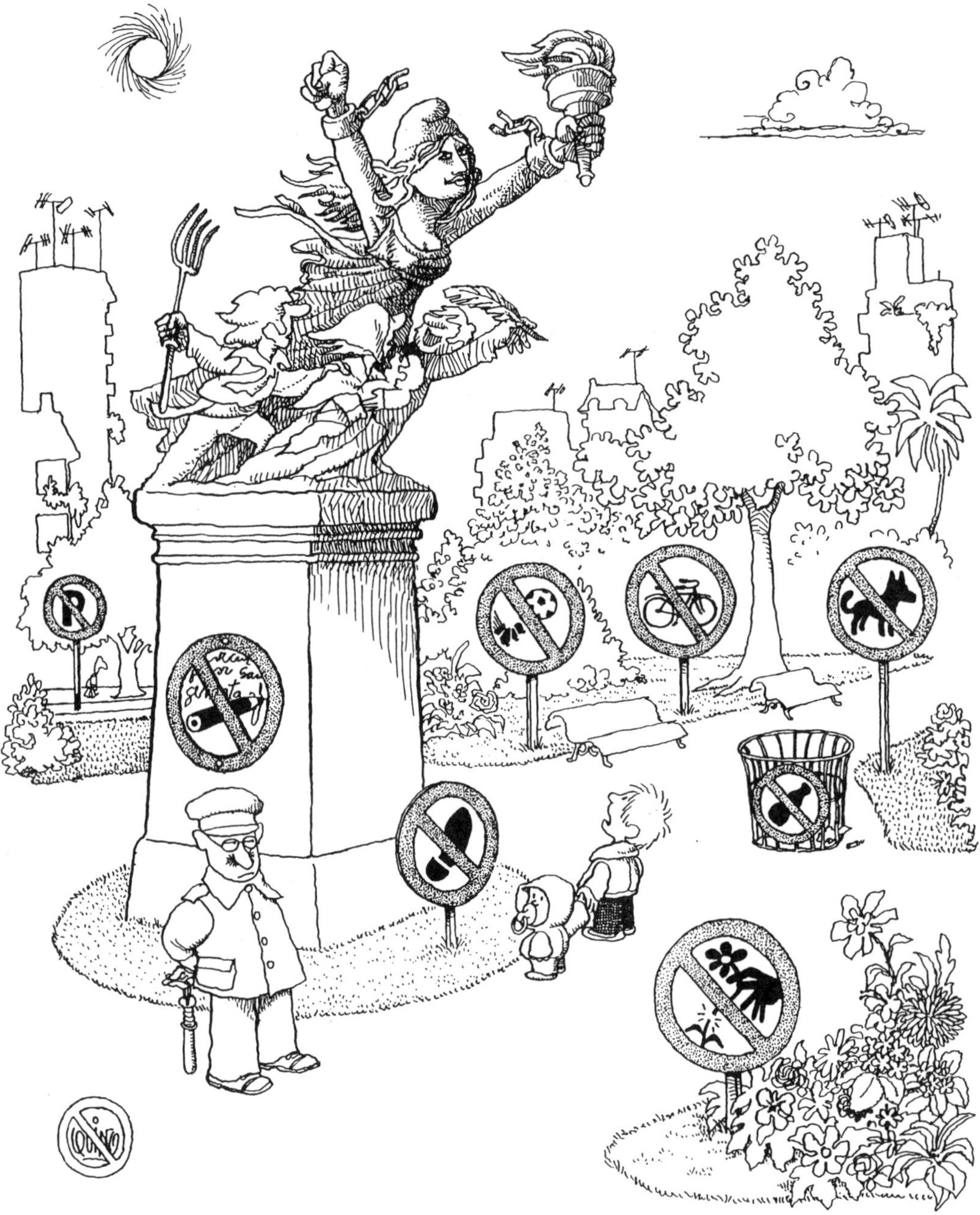

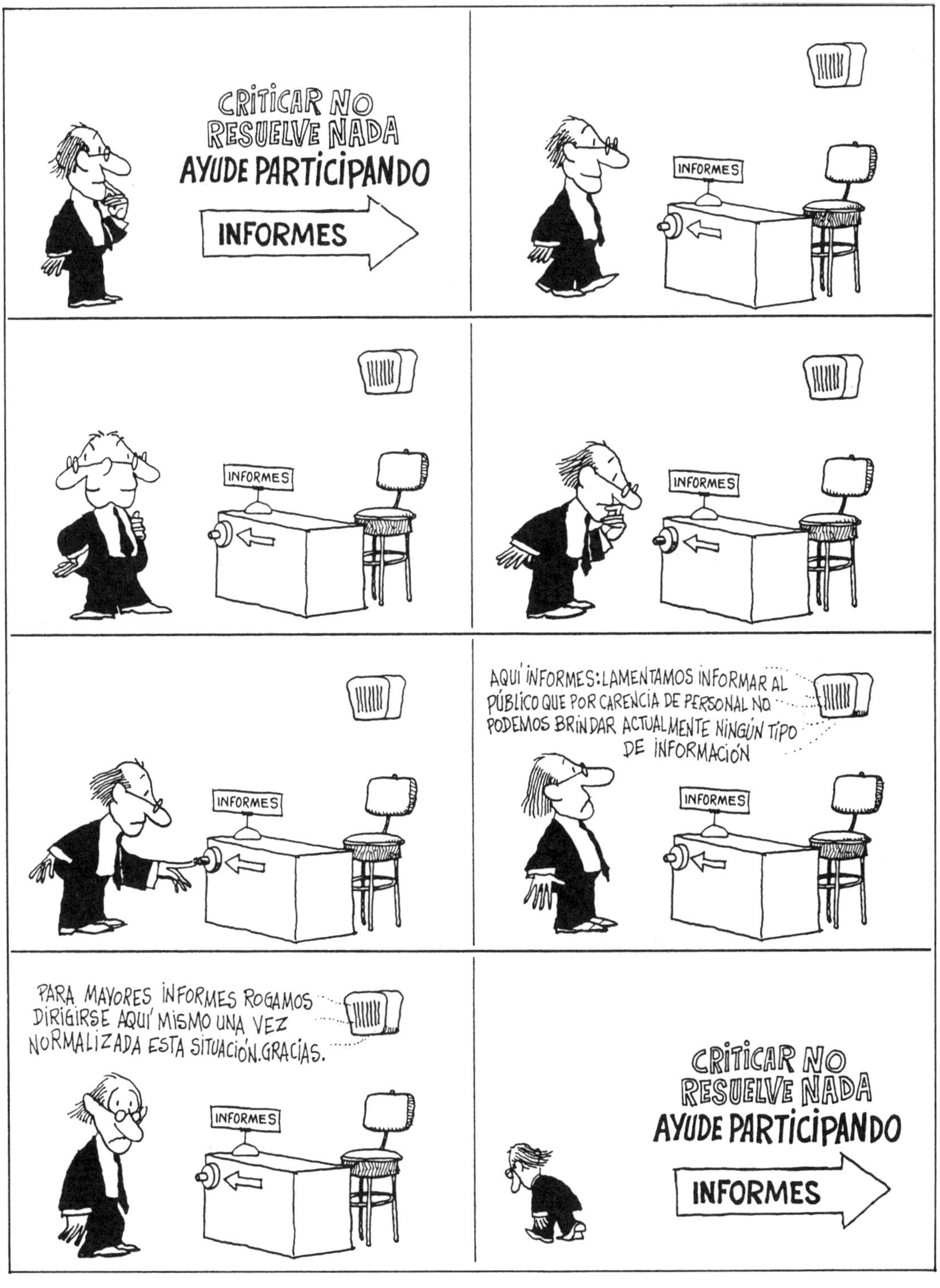

CRITICAR NO RESUELVE NADA
AYUDE PARTICIPANDO
INFORMES
INFORMES
INFORMES
INFORMES
INFORMES
AQUÍ INFORMES: LAMENTAMOS INFORMAR AL PÚBLICO QUE POR CARENCIA DE PERSONAL NO PODEMOS BRINDAR ACTUALMENTE NINGÚN TIPO DE INFORMACIÓN
INFORMES
PARA MAYORES INFORMES ROGAMOS DIRIGIRSE AQUÍ MISMO UNA VEZ NORMALIZADA ESTA SITUACIÓN. GRACIAS.
INFORMES
CRITICAR NO RESUELVE NADA
AYUDE PARTICIPANDO
INFORMES

...Y SI ES VERDAD QUE ERRAR ES HUMANO, NADIE PODRÁ NEGARNOS EL MÉRITO DE HABER ALCANZADO UN NIVEL DE HUMANIDAD REALMENTE ASOMBROSO

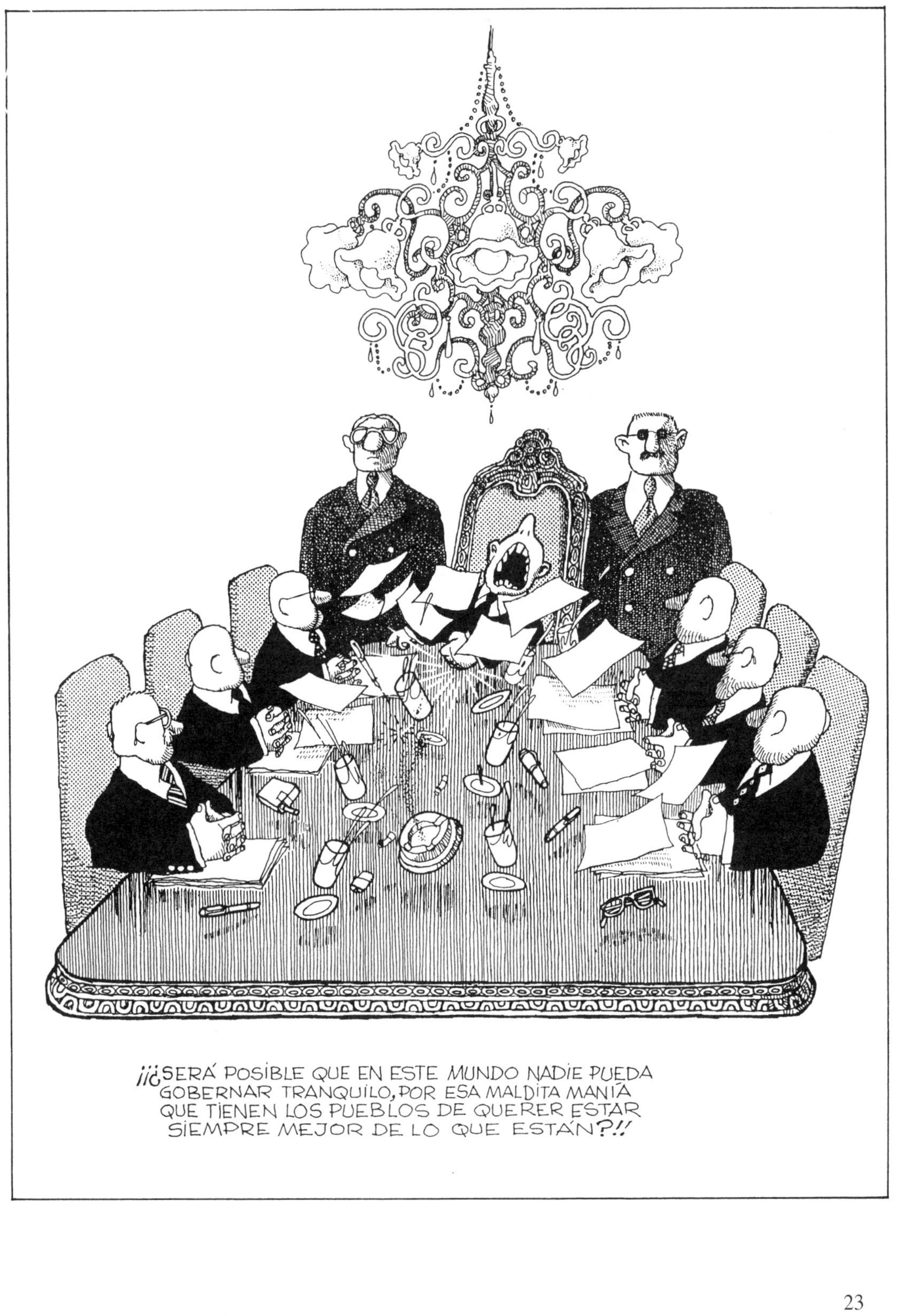

¡¡¿SERÁ POSIBLE QUE EN ESTE MUNDO NADIE PUEDA GOBERNAR TRANQUILO, POR ESA MALDITA MANÍA QUE TIENEN LOS PUEBLOS DE QUERER ESTAR SIEMPRE MEJOR DE LO QUE ESTÁN?!!

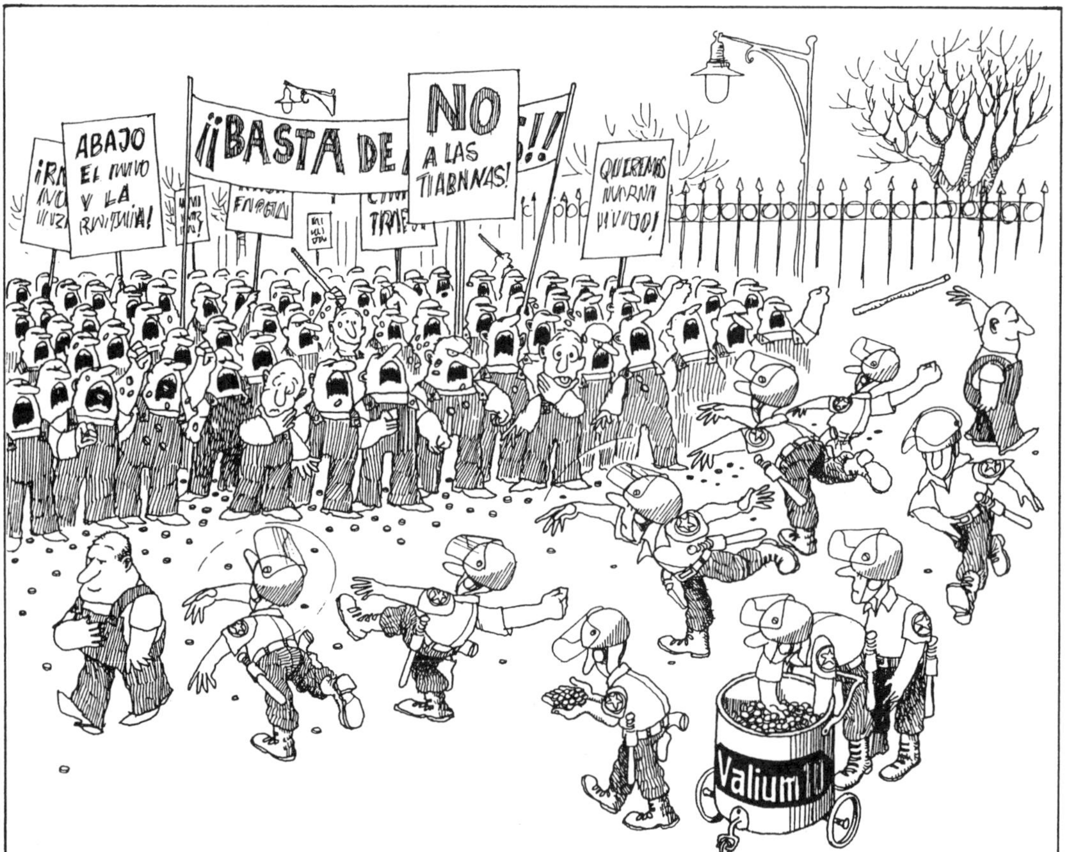
ABAJO
¡¡BASTA DE
NO
A LAS
QUEREMOS
Valium 10

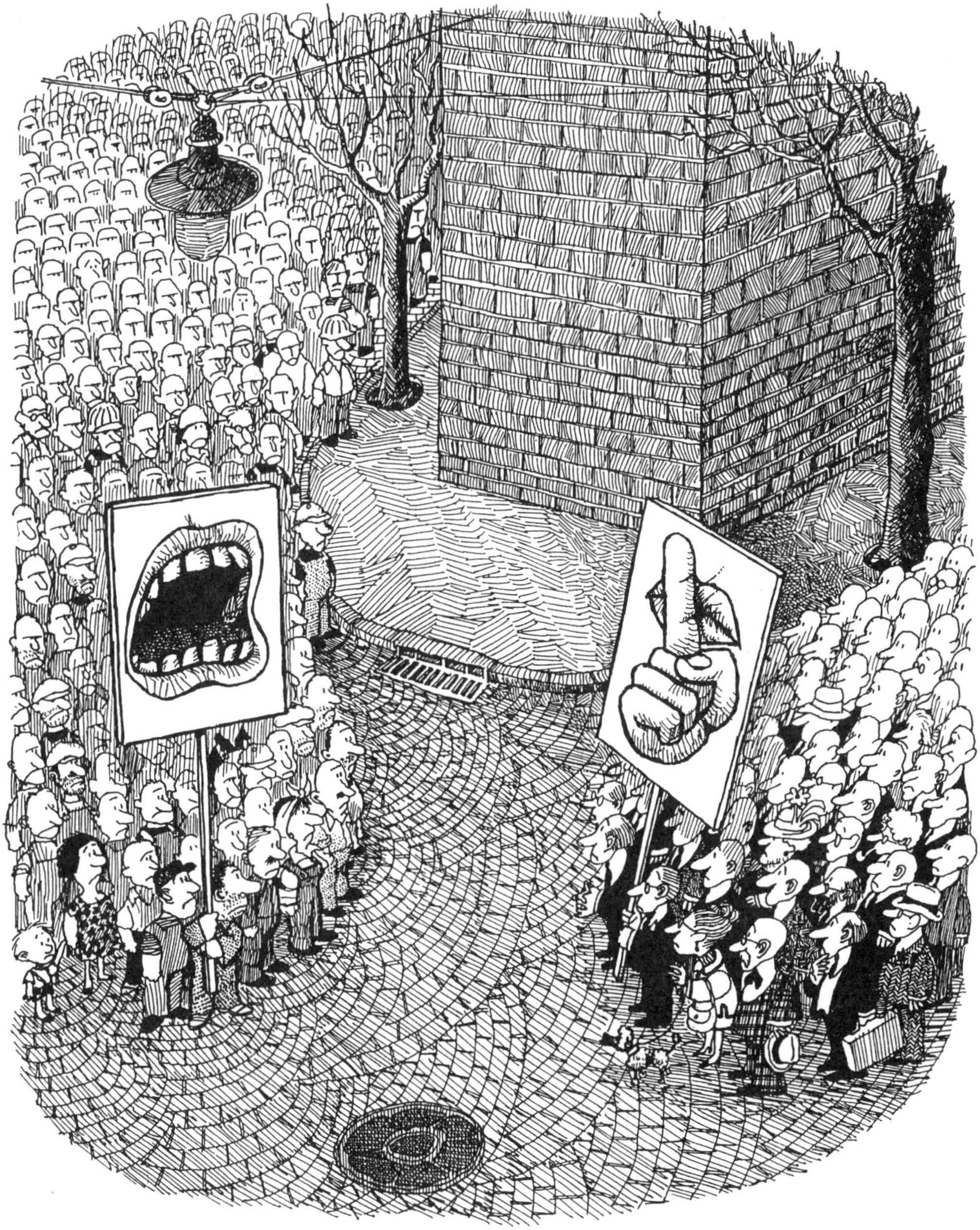

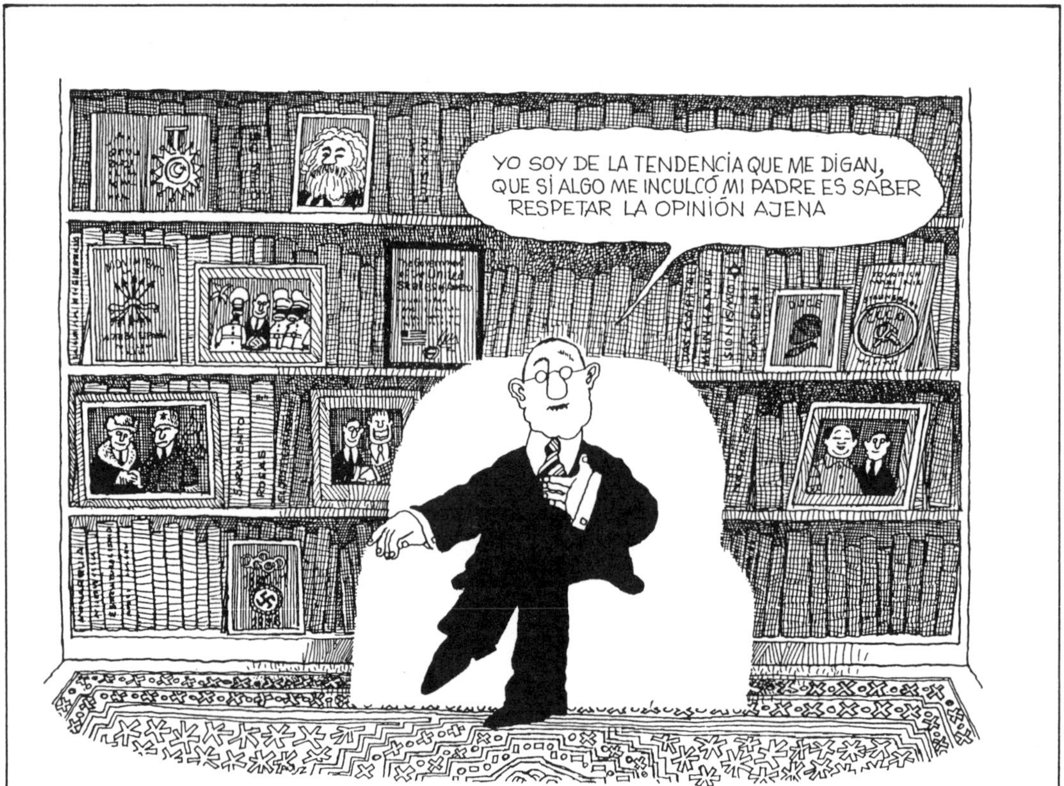
YO SOY DE LA TENDENCIA QUE ME DIGAN, QUE SI ALGO ME INCULCÓ MI PADRE ES SABER RESPETAR LA OPINIÓN AJENA

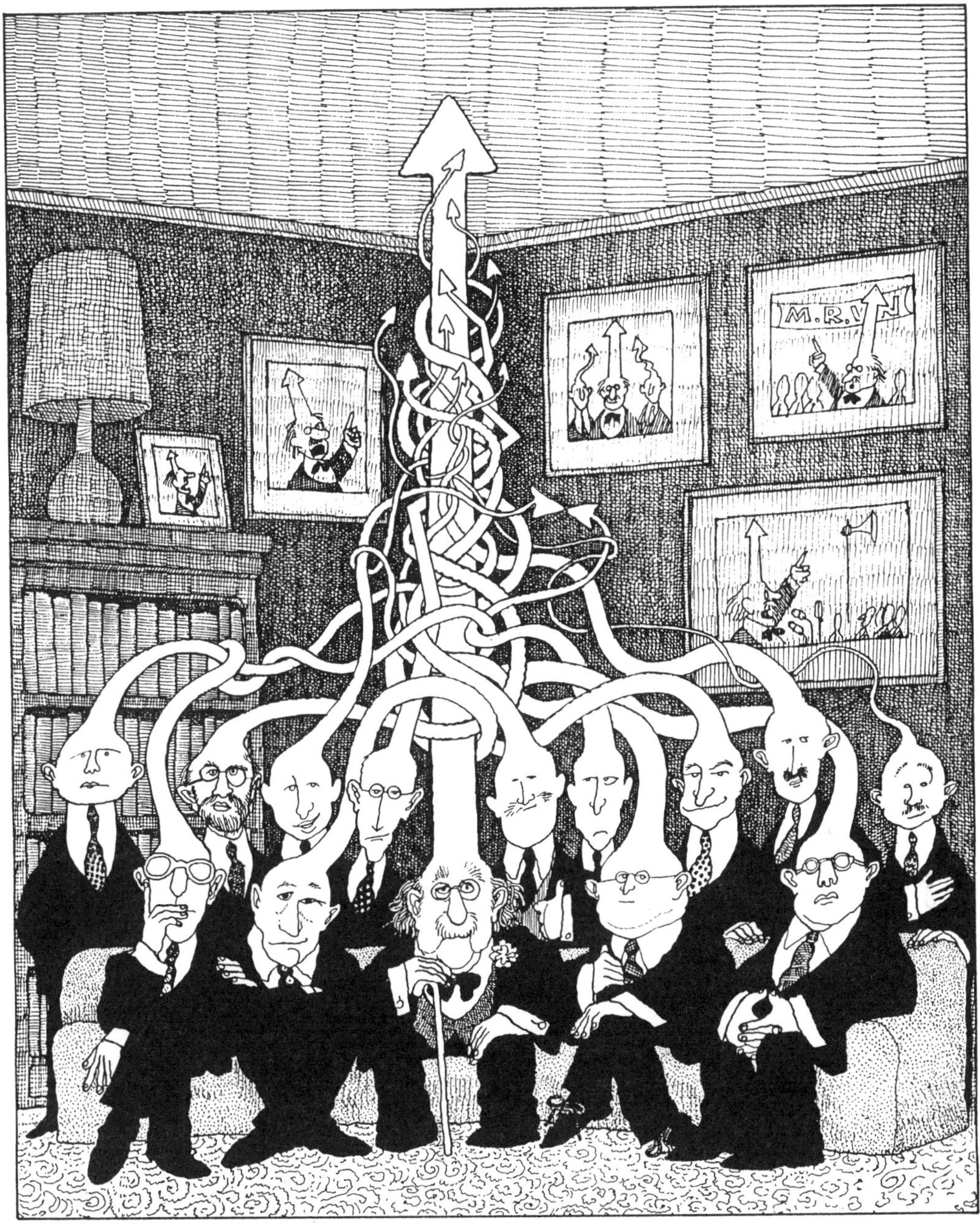
M.R.V

EL DOCTOR DON JOAQUÍN CHAMIZO VILLASANA, LÍDER FUNDADOR DEL MOVIMIENTO "RECTITUD VERTICALISTA NACIONAL", RODEADO POR DIRIGENTES Y COLABORADORES QUE SIGUEN FIELMENTE SU DEFINIDA TENDENCIA IDEOLÓGICA.

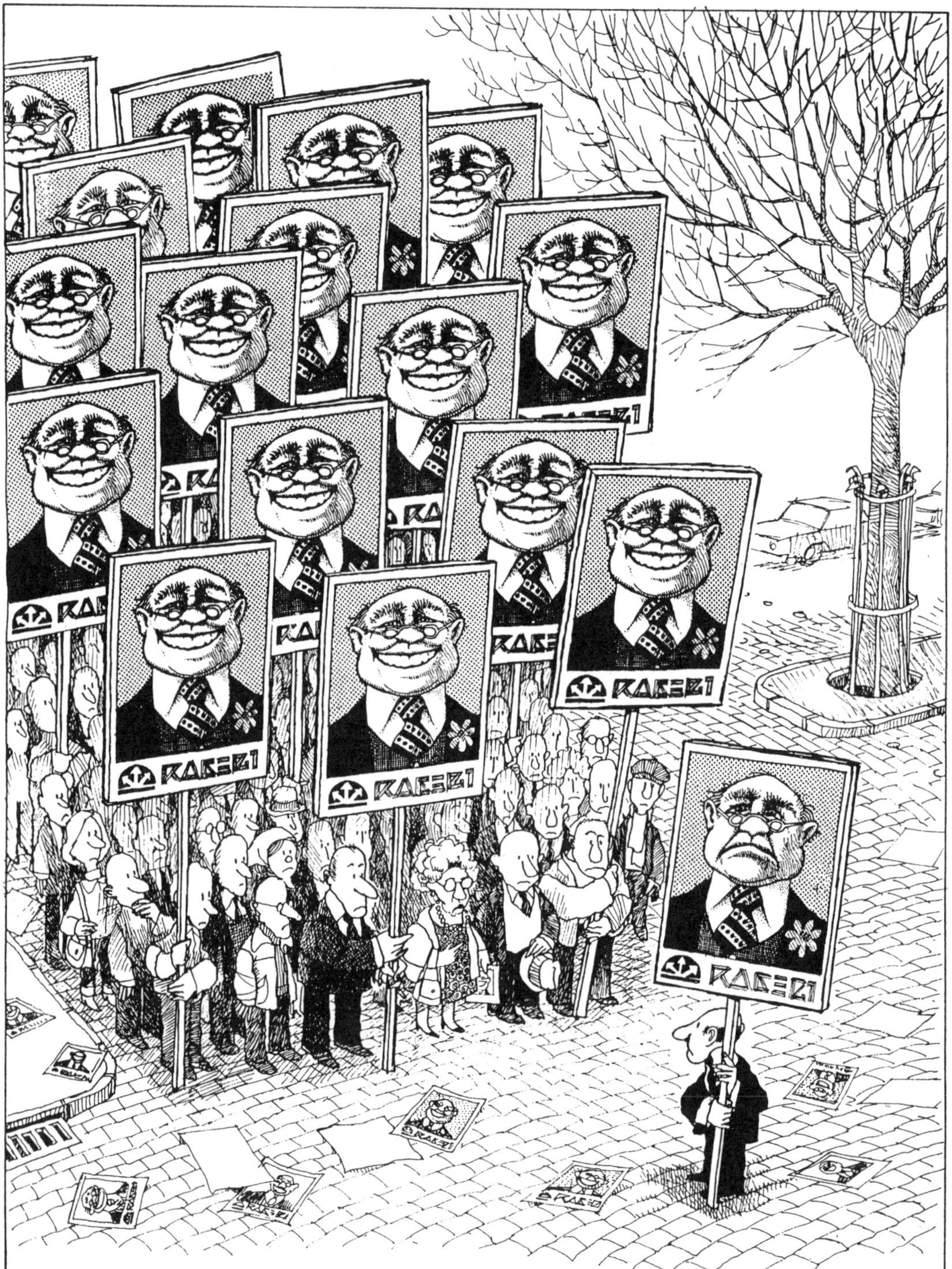

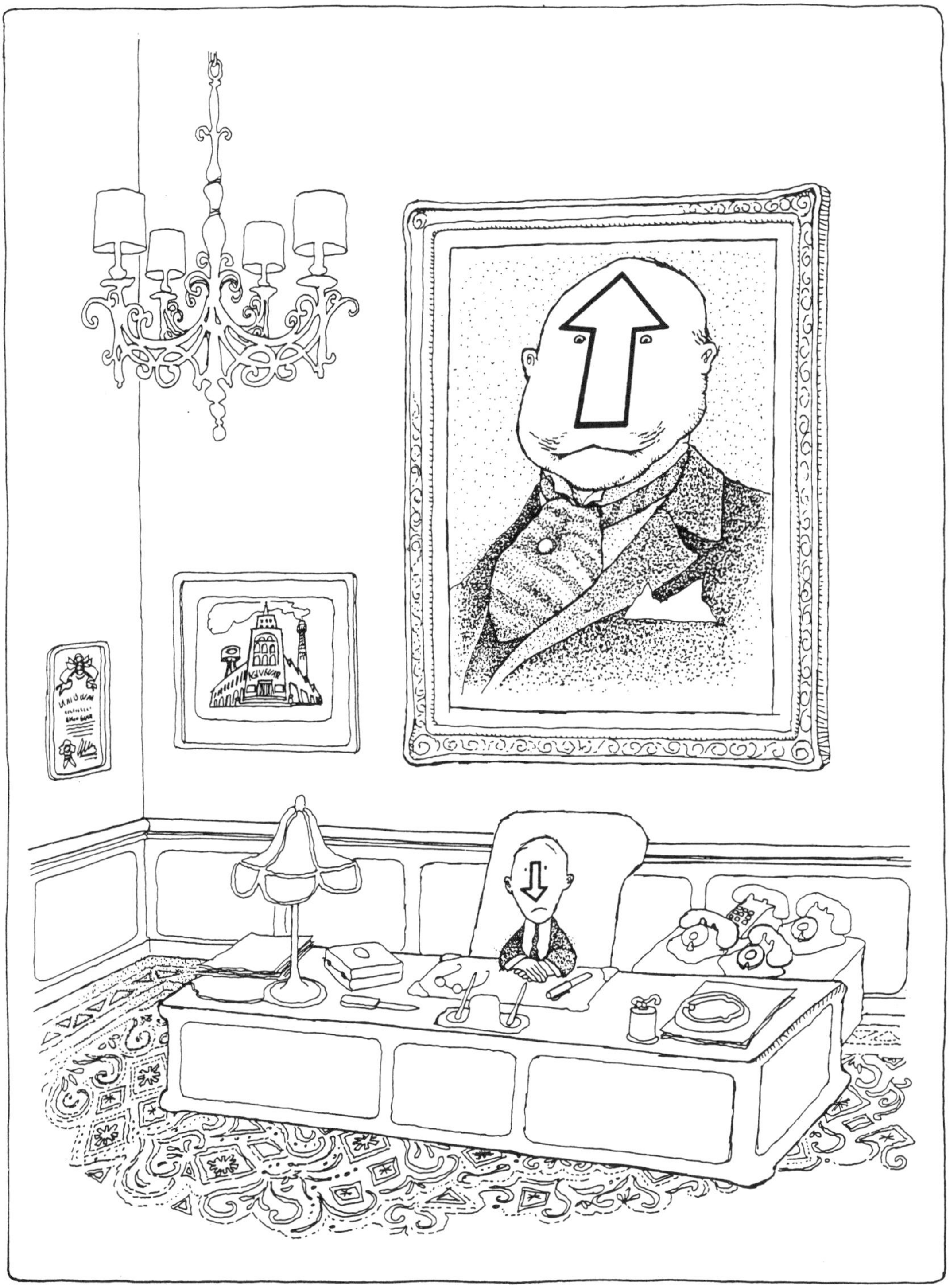

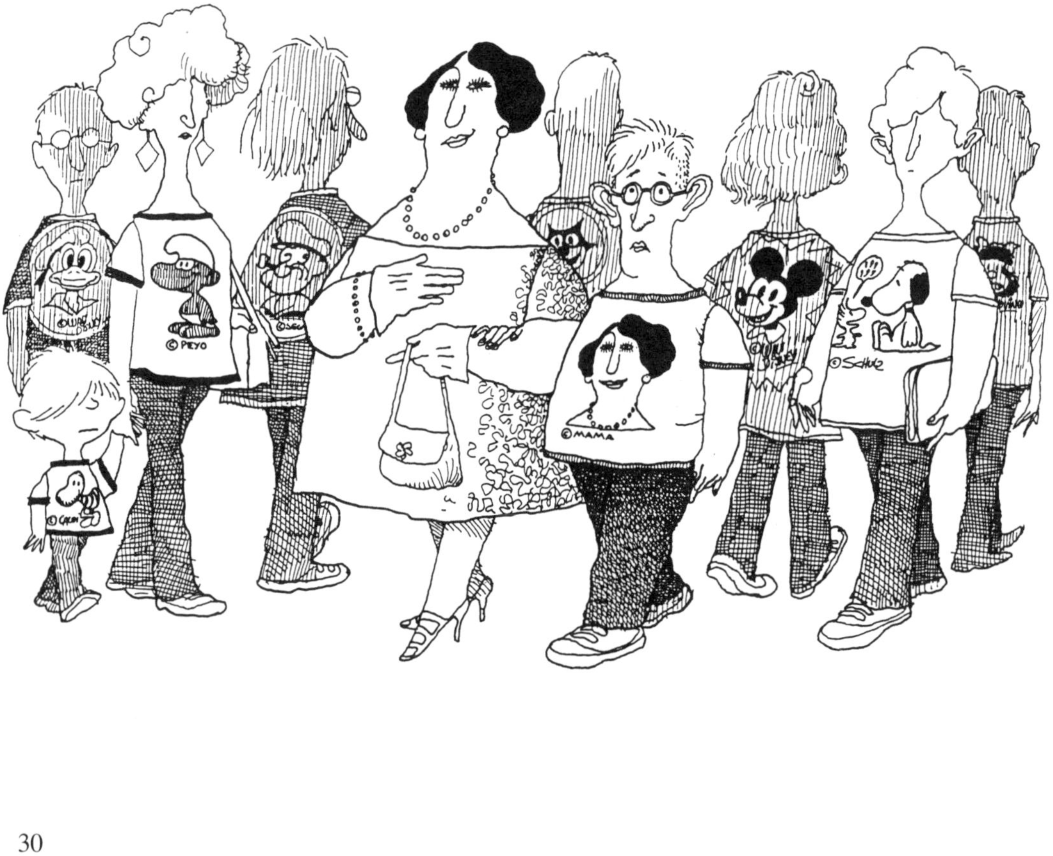
© PEYO
© MAMA

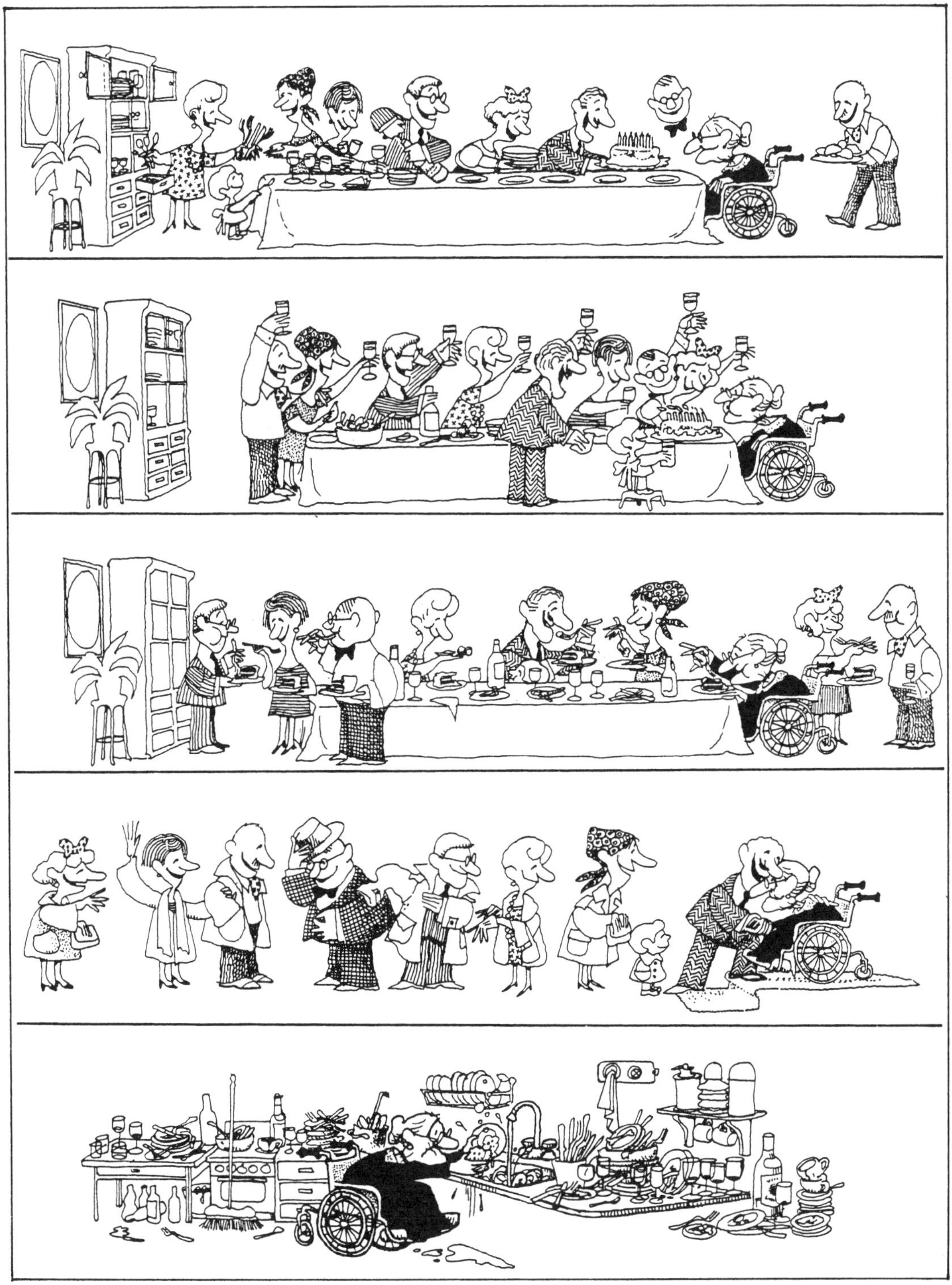

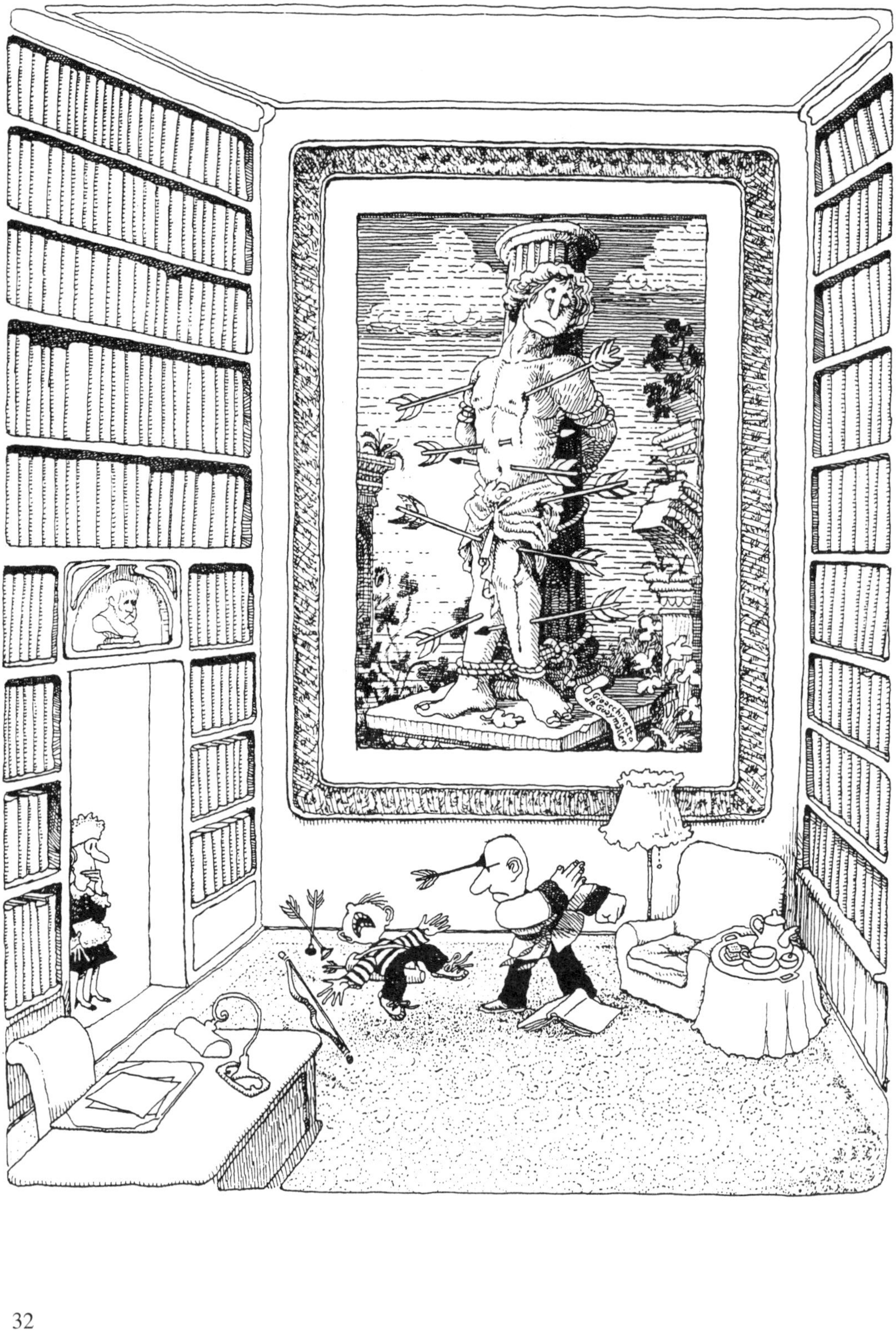
Gioacchinetto
da Guymallen

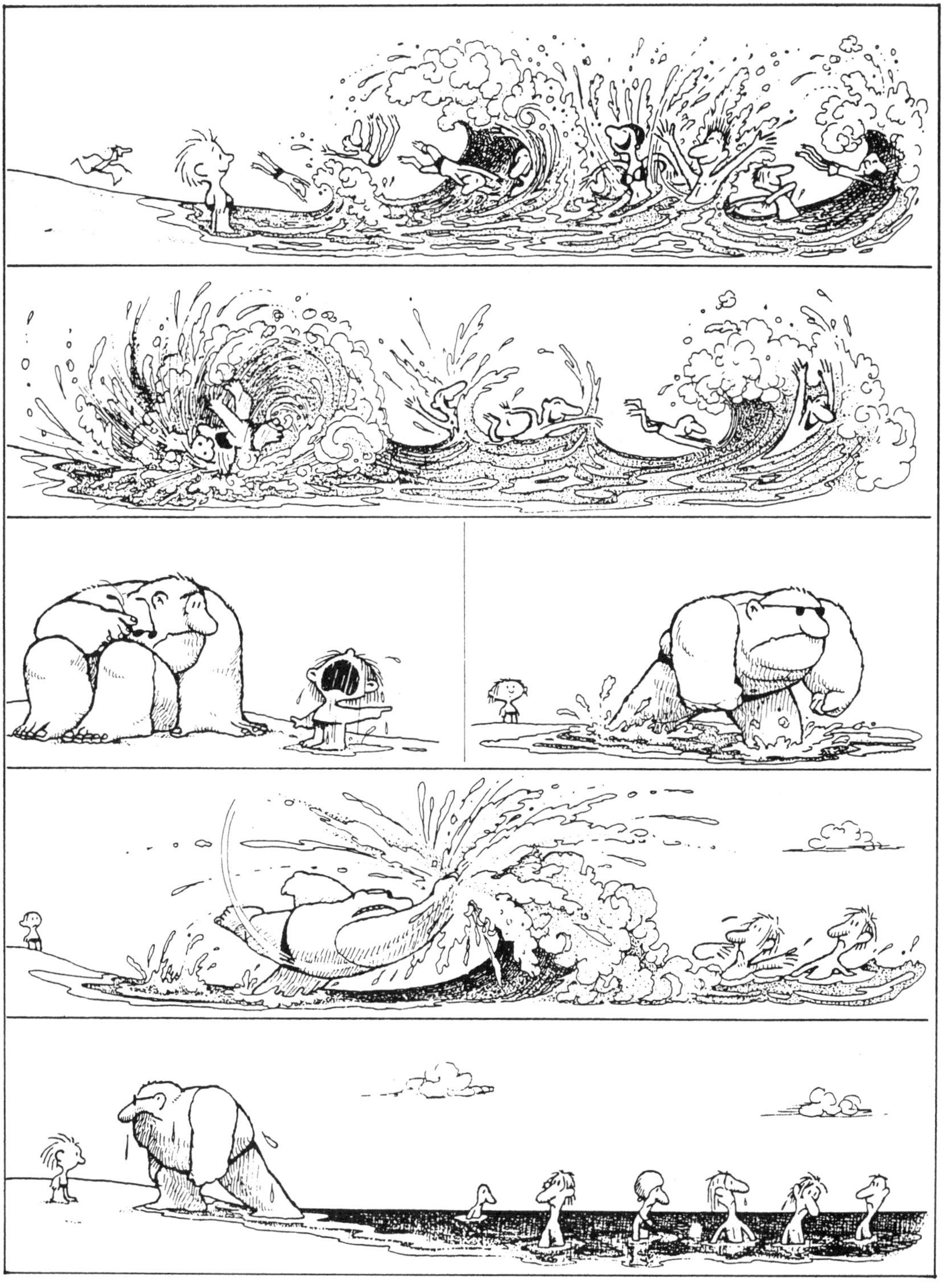

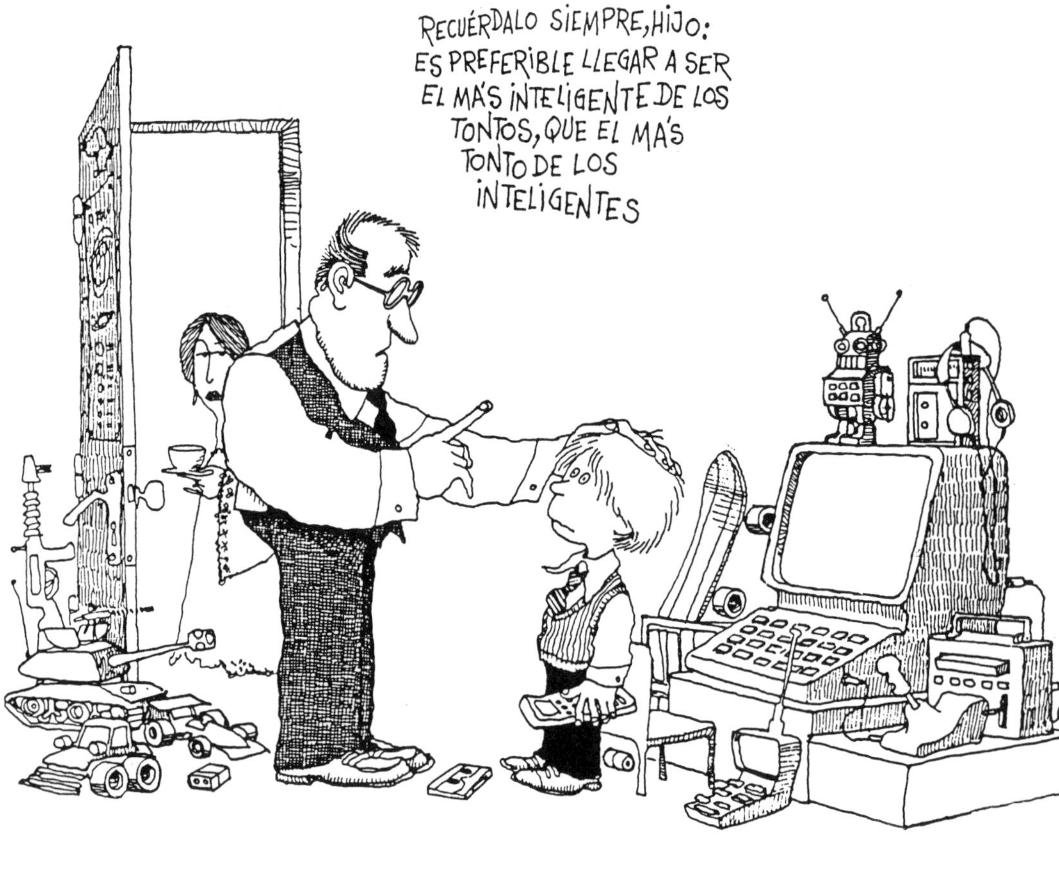
RECUÉRDALO SIEMPRE, HIJO: ES PREFERIBLE LLEGAR A SER EL MÁS INTELIGENTE DE LOS TONTOS, QUE EL MÁS TONTO DE LOS INTELIGENTES

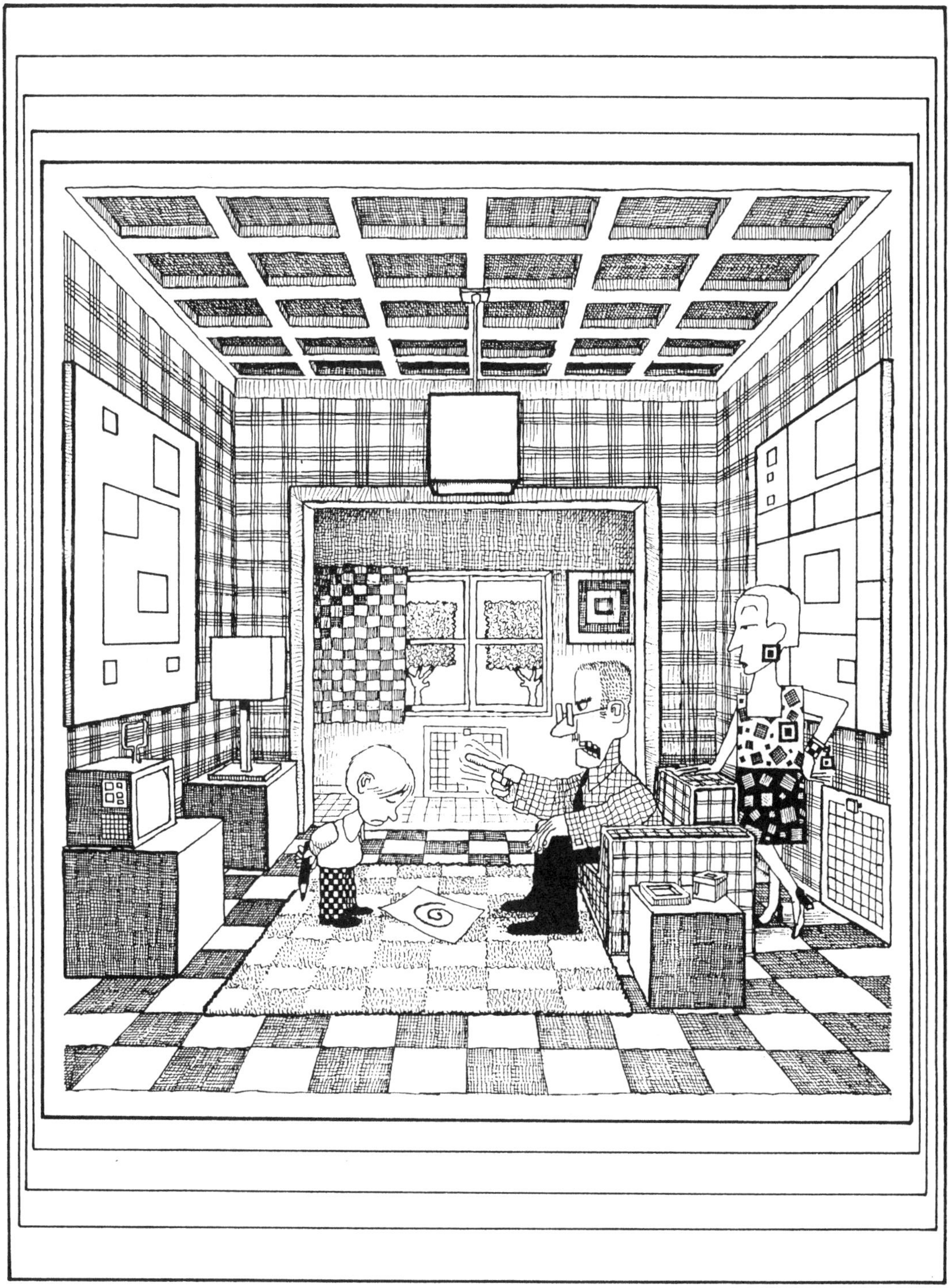

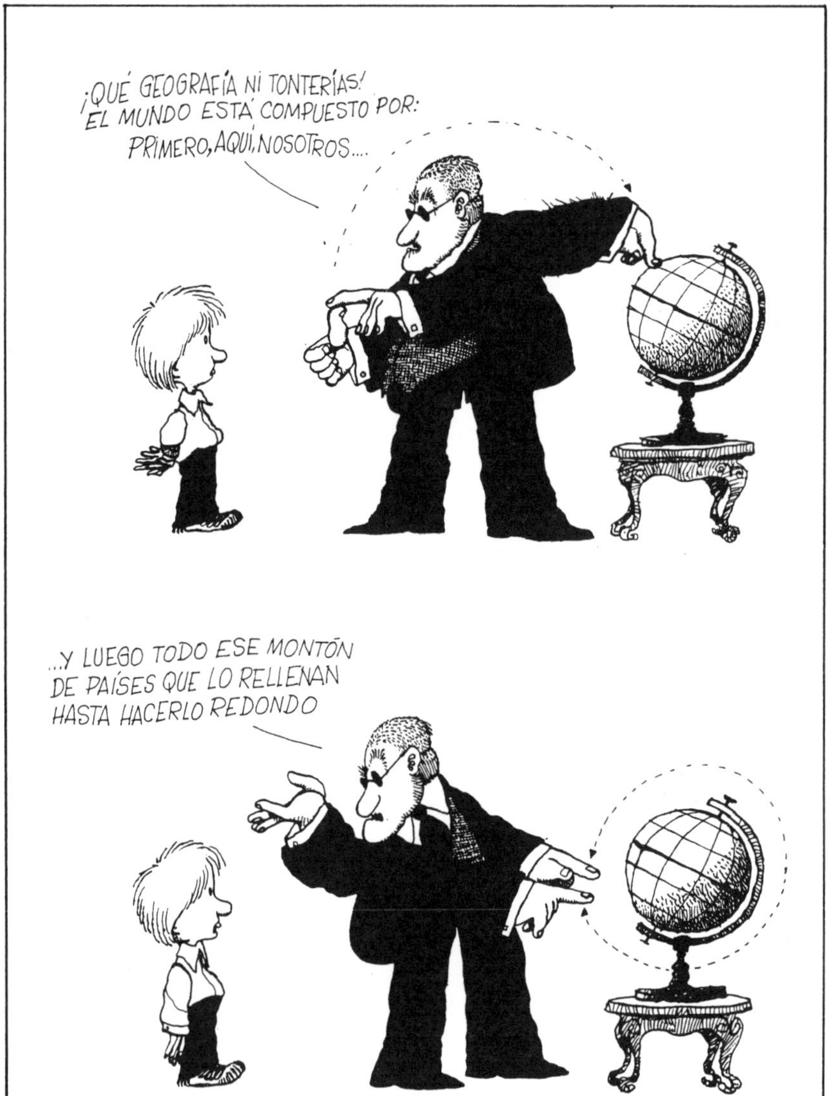
¡QUÉ GEOGRAFÍA NI TONTERÍAS! EL MUNDO ESTÁ COMPUESTO POR: PRIMERO, AQUÍ, NOSOTROS....
...Y LUEGO TODO ESE MONTÓN DE PAÍSES QUE LO RELLENAN HASTA HACERLO REDONDO

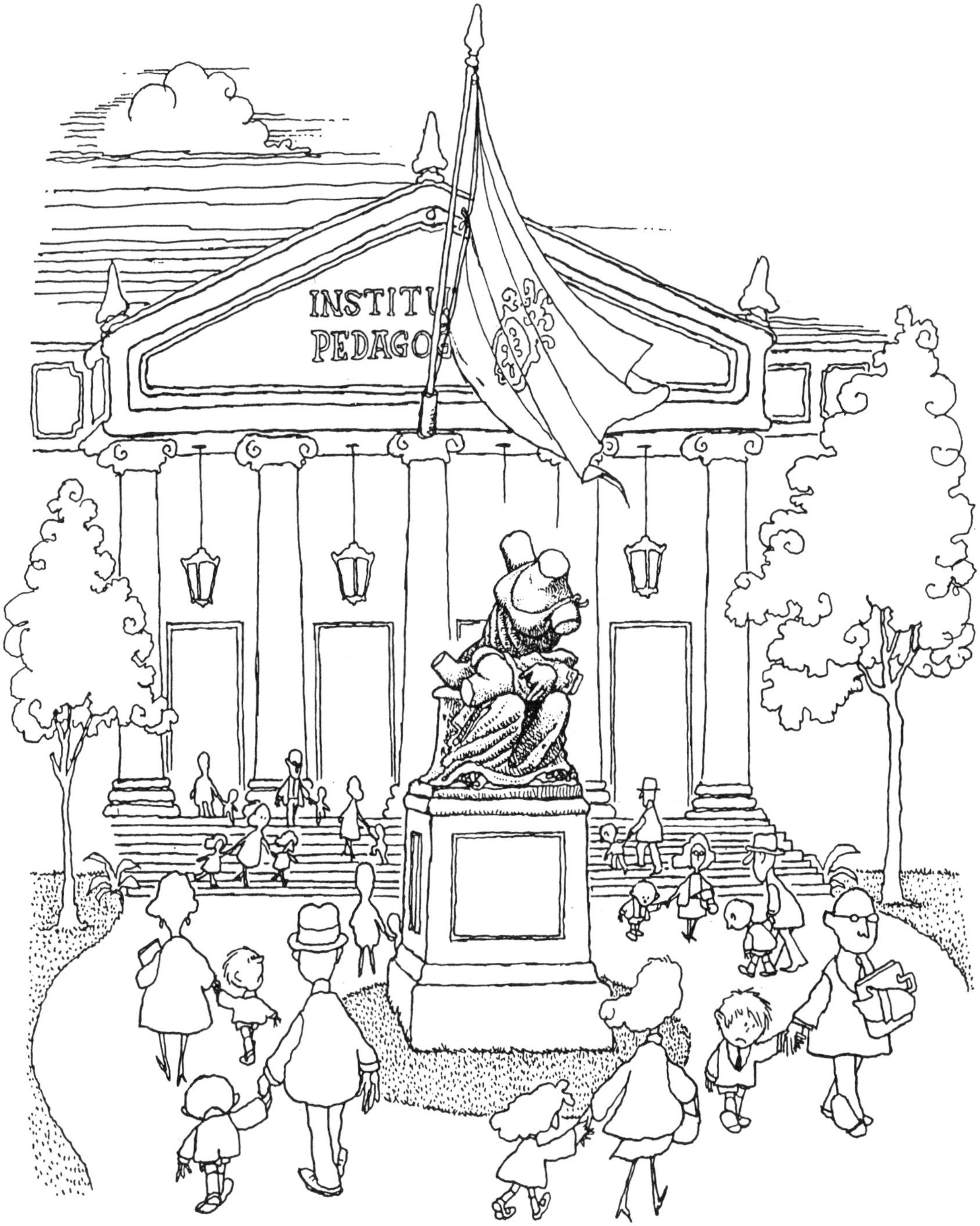
INSTITU
PEDAGO

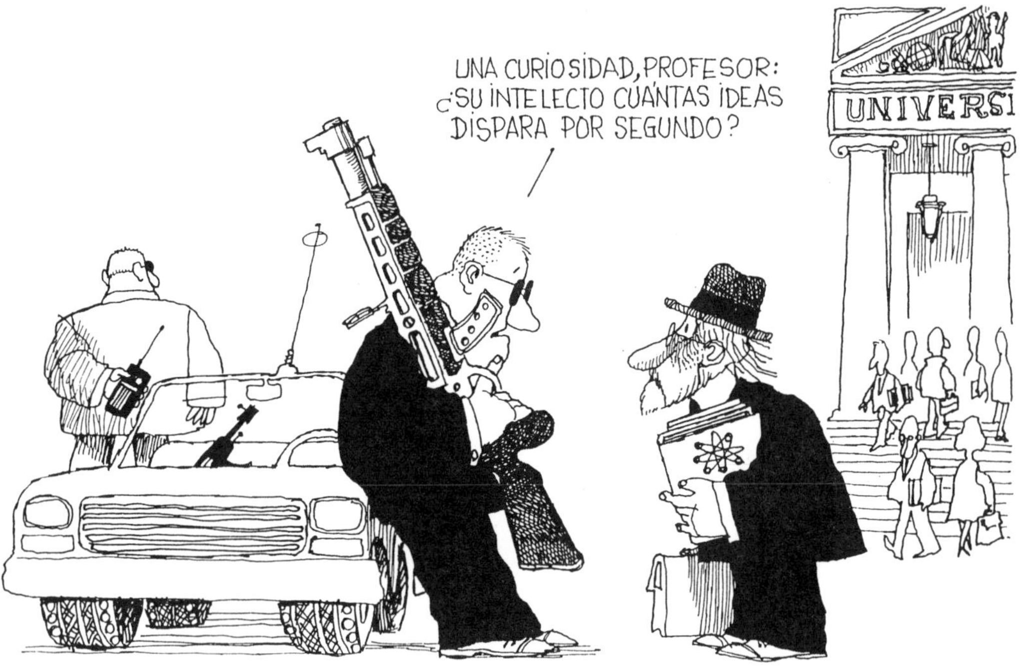
UNA CURIOSIDAD, PROFESOR: ¿SU INTELECTO CUÁNTAS IDEAS DISPARA POR SEGUNDO?
UNIVERSI

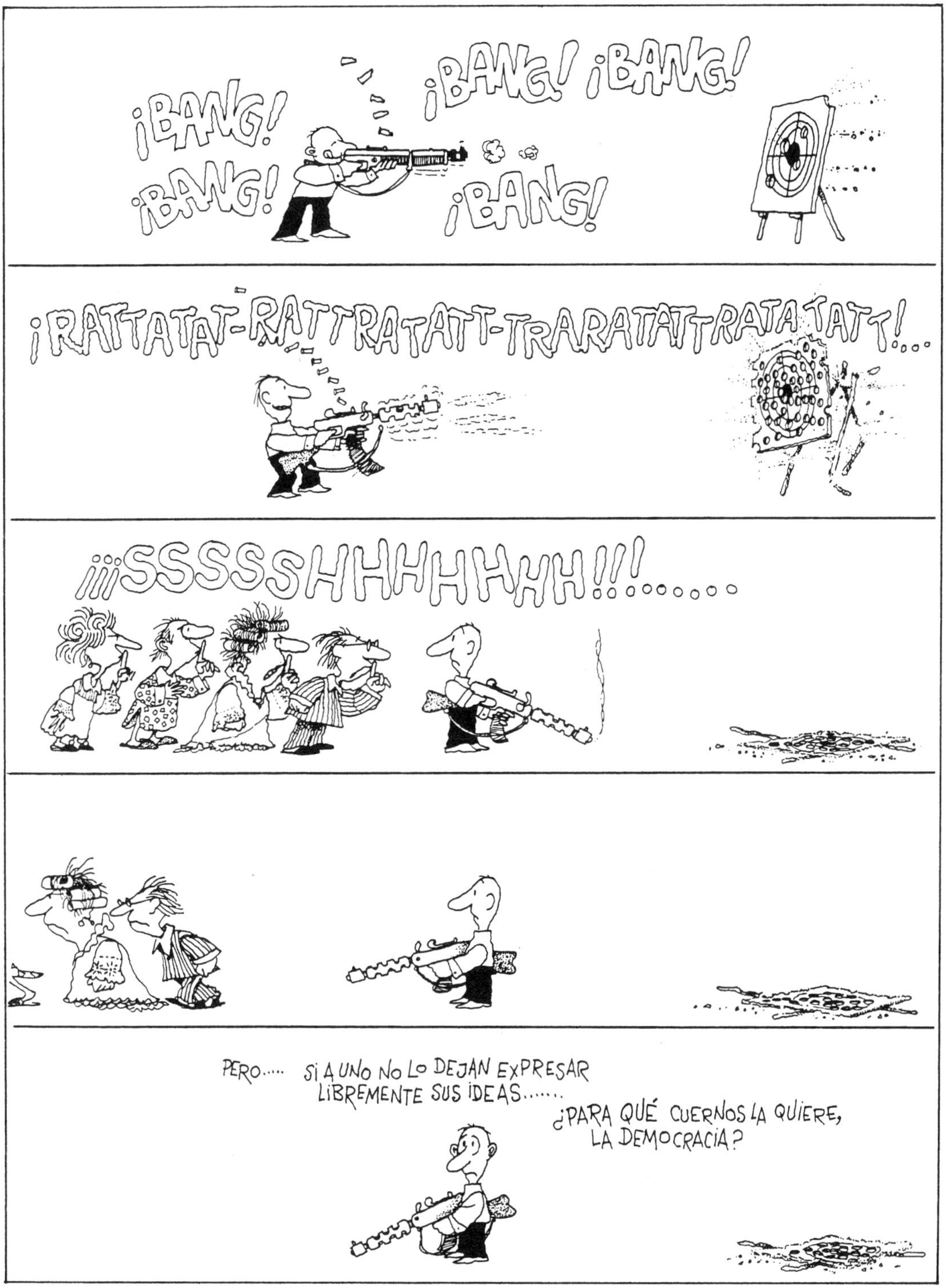
¡BANG!
¡BANG!
¡BANG! ¡BANG!
¡BANG!
¡RATTATAT-RATTRATATT-TRARATATTRATA TATT!...
¡¡¡SSSSSHHHHHH!!!.......
PERO..... SI A UNO NO LO DEJAN EXPRESAR LIBREMENTE SUS IDEAS......
¿PARA QUÉ CUERNOS LA QUIERE, LA DEMOCRACIA?

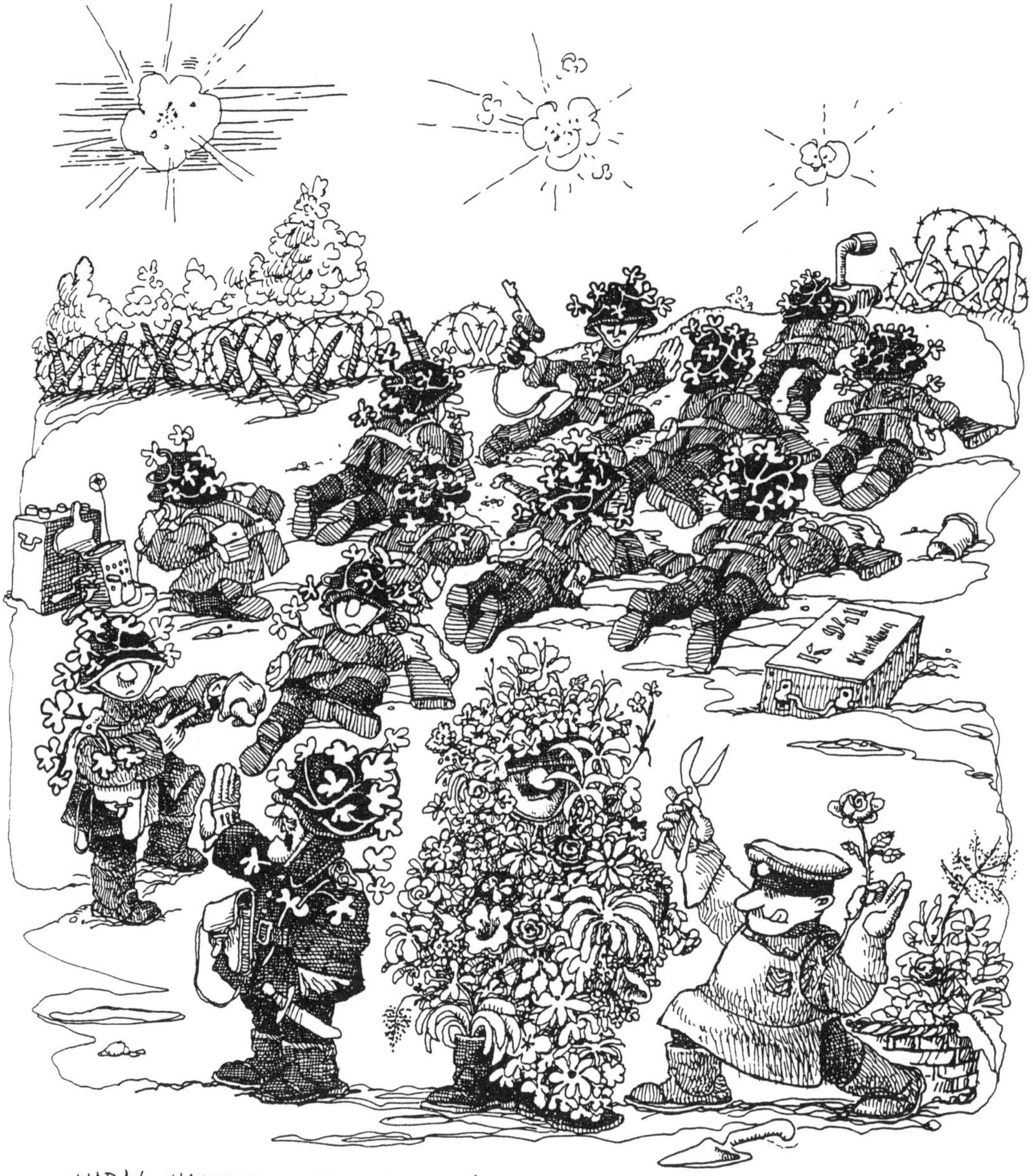

–¡NADA!..¡HASTA QUE EL SARGENTO JARDINERO
NO TERMINE EL CAMOUFLAJE DEL SEÑOR COMANDANTE
AQUI NO AVANZA NADIE!

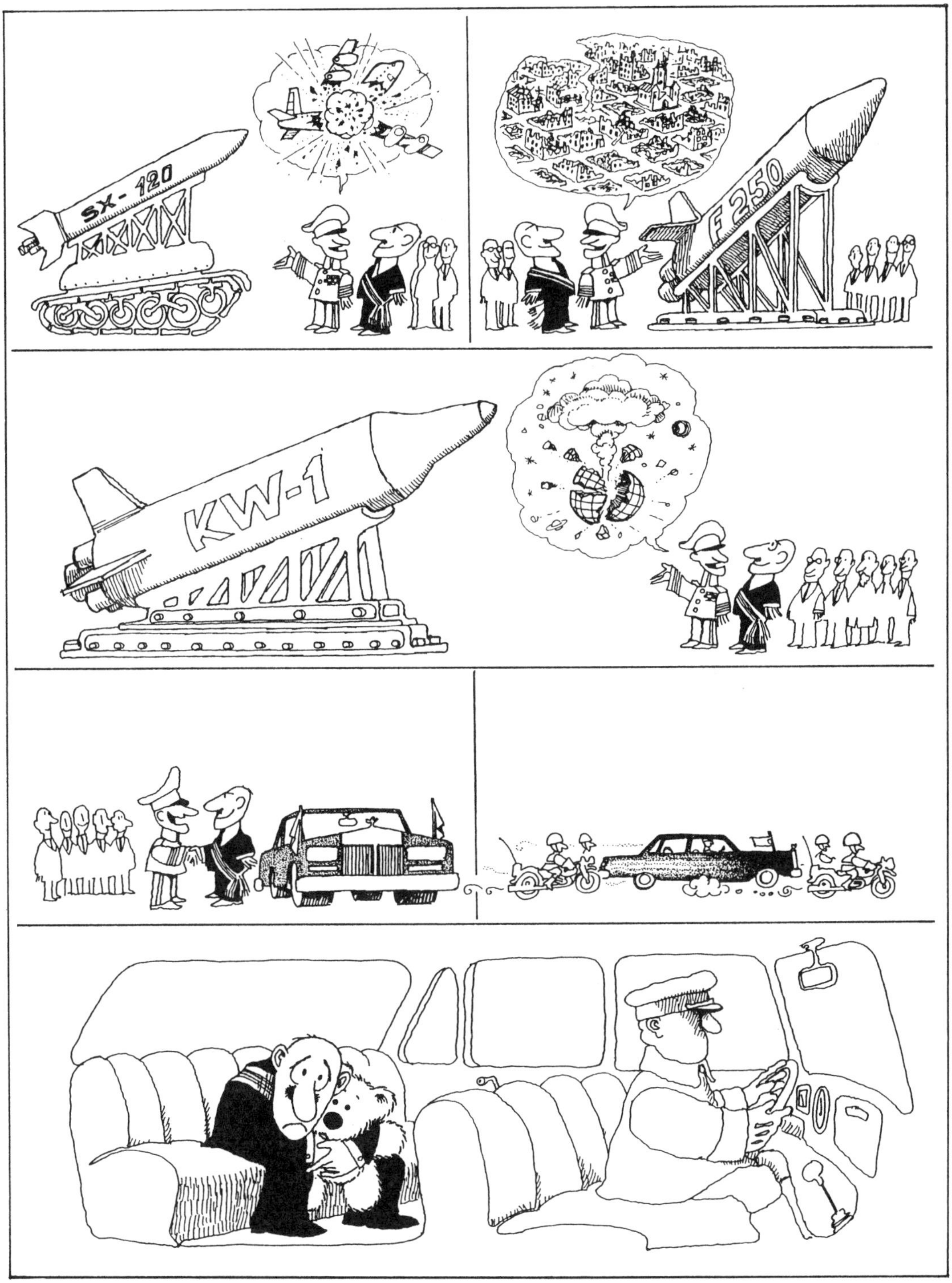
SX-120
F 250
KW-1

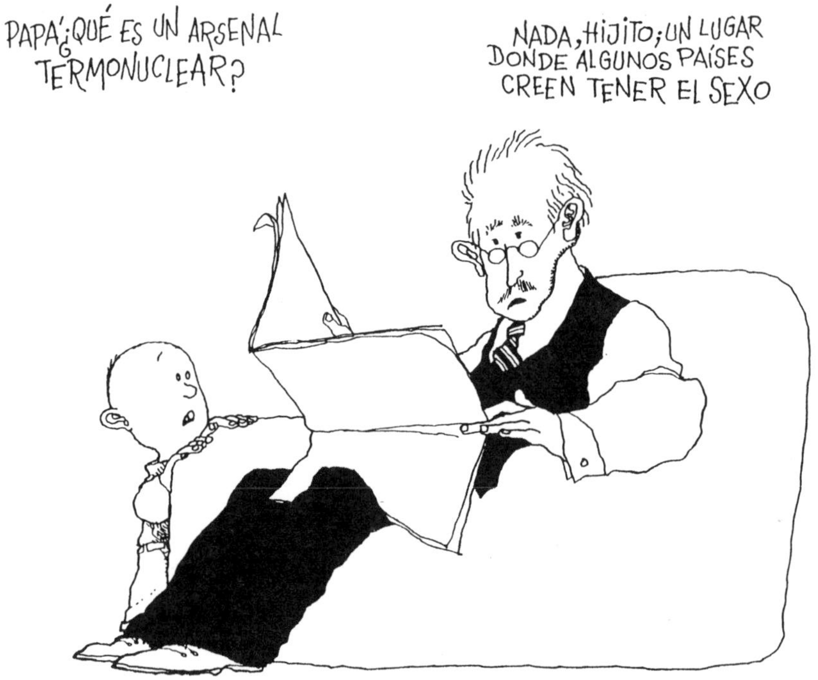
PAPÁ ¿QUÉ ES UN ARSENAL TERMONUCLEAR?
NADA, HIJITO; UN LUGAR DONDE ALGUNOS PAÍSES CREEN TENER EL SEXO

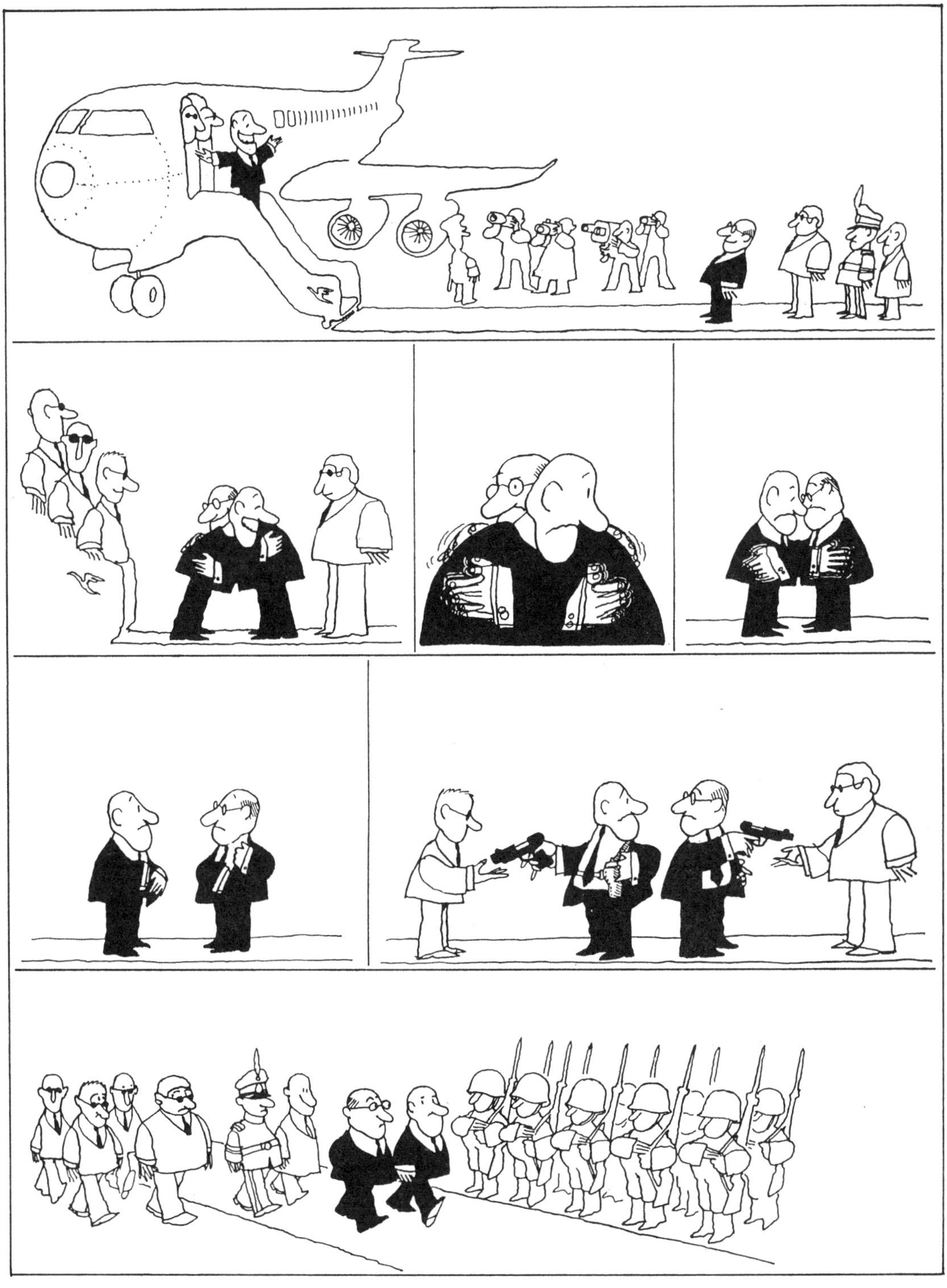

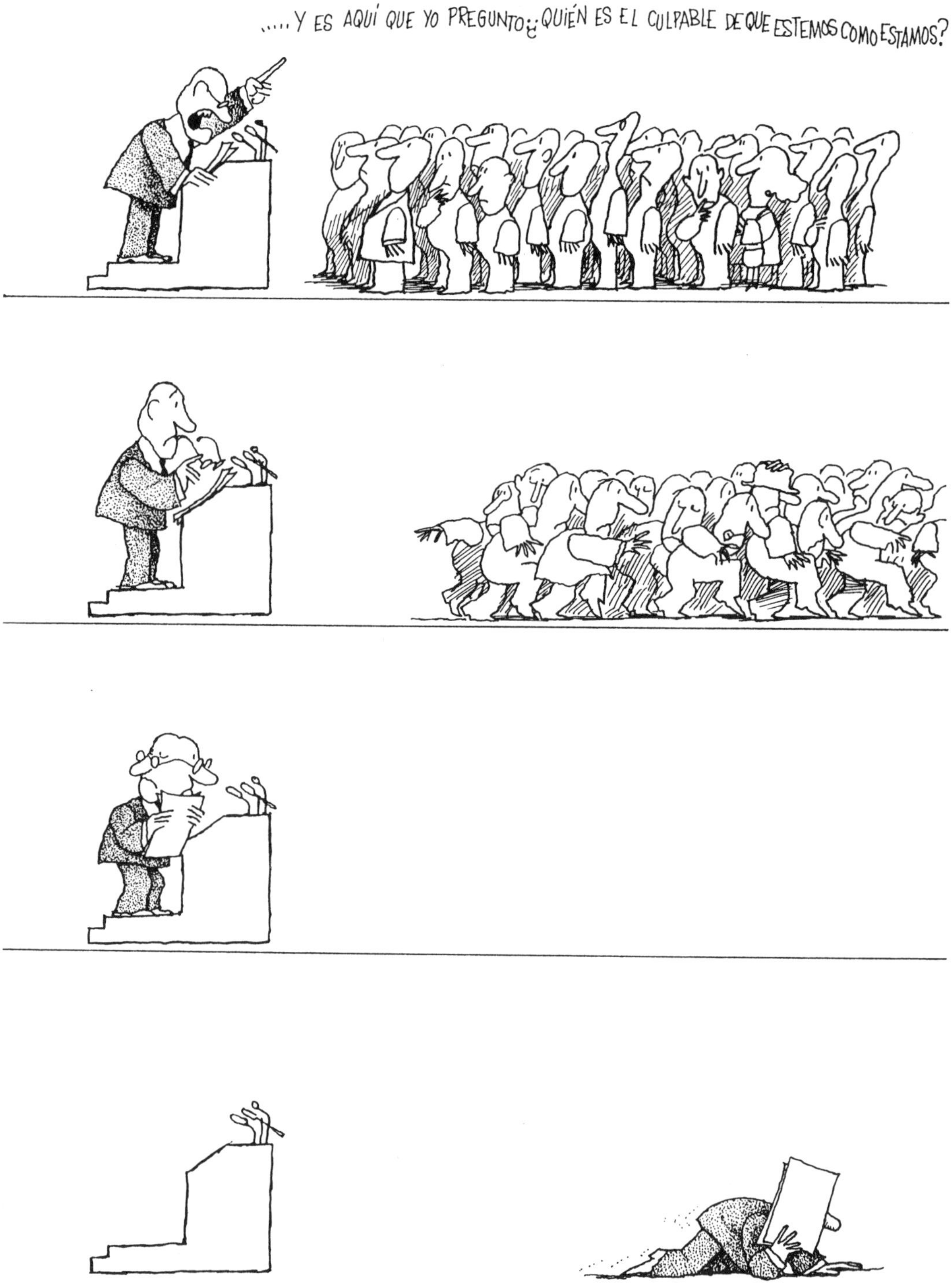
.....Y ES AQUÍ QUE YO PREGUNTO: ¿QUIÉN ES EL CULPABLE DE QUE ESTEMOS COMO ESTAMOS?

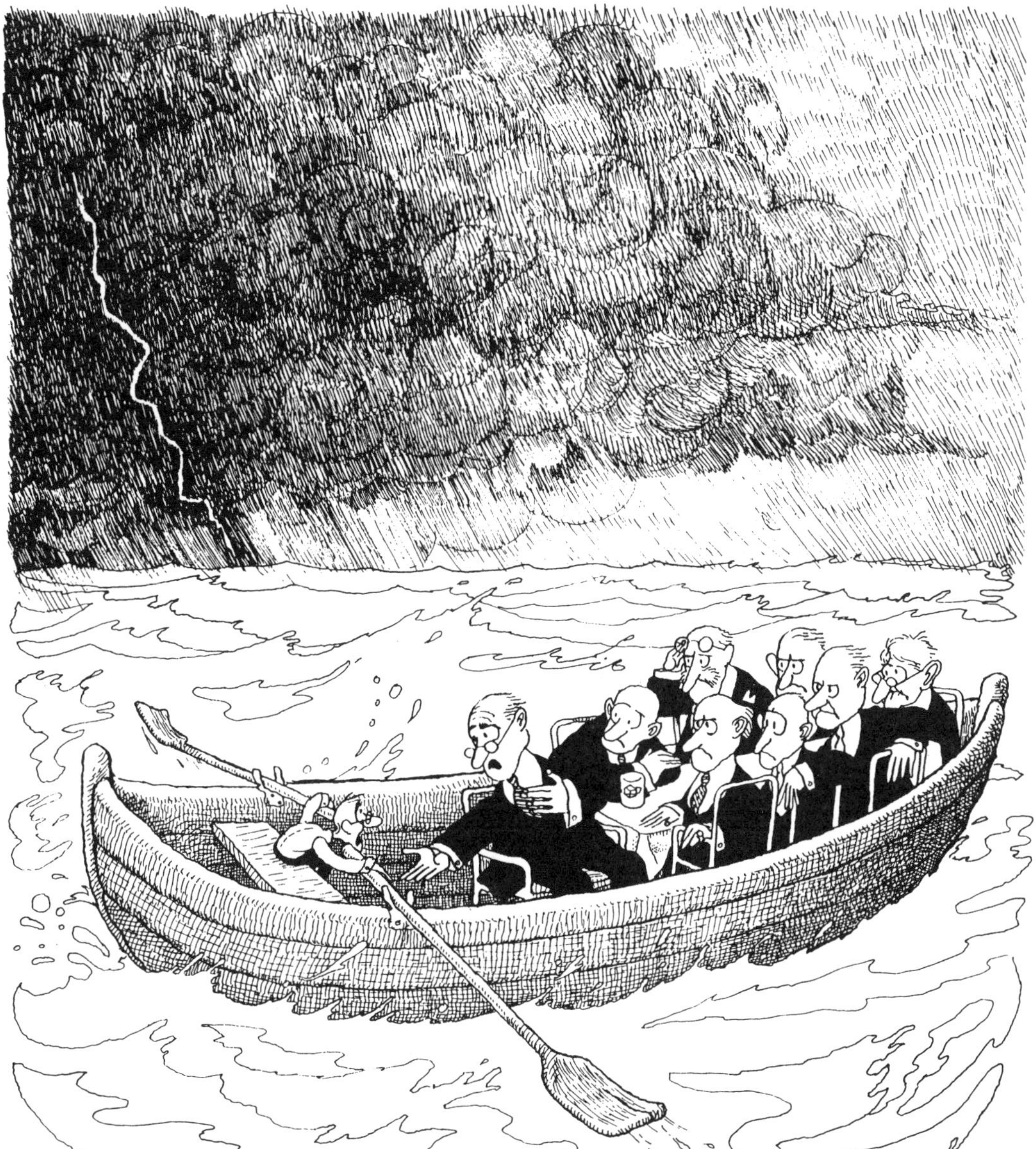

–¡¡¿CÓMO QUE NO REMA MÁS?!!.. ¡¡ME EXTRAÑA, FERNÁNDEZ!!.. ¿¿ESTAMOS O NO ESTAMOS TODOS EN LA MISMA BARCA??

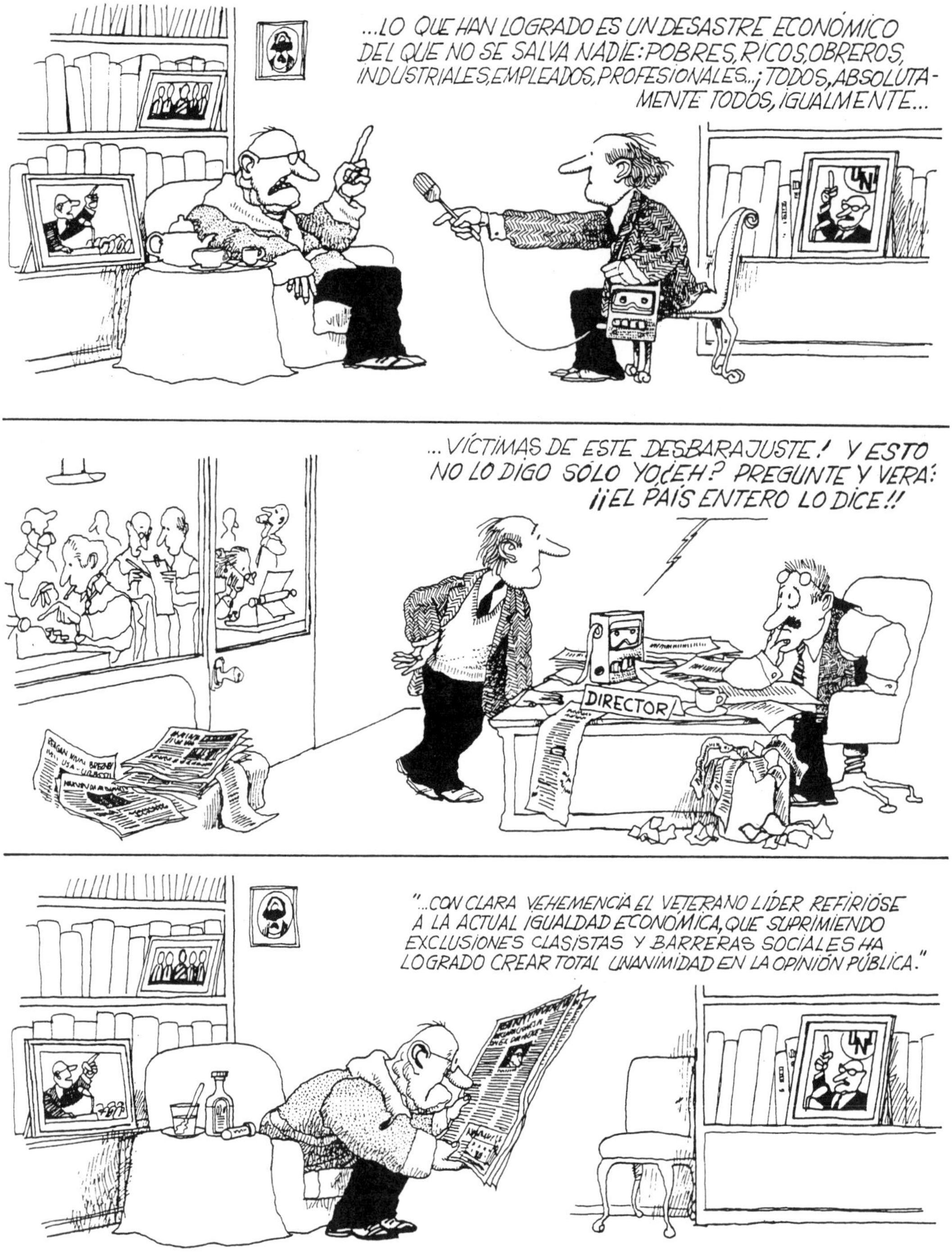
...LO QUE HAN LOGRADO ES UN DESASTRE ECONÓMICO DEL QUE NO SE SALVA NADIE: POBRES, RICOS, OBREROS, INDUSTRIALES, EMPLEADOS, PROFESIONALES...; TODOS, ABSOLUTAMENTE TODOS, IGUALMENTE...
...VÍCTIMAS DE ESTE DESBARAJUSTE! Y ESTO NO LO DIGO SÓLO YO ¿EH? PREGUNTE Y VERÁ: ¡¡EL PAÍS ENTERO LO DICE!!
DIRECTOR
"...CON CLARA VEHEMENCIA EL VETERANO LÍDER REFIRIÓSE A LA ACTUAL IGUALDAD ECONÓMICA, QUE SUPRIMIENDO EXCLUSIONES CLASISTAS Y BARRERAS SOCIALES HA LOGRADO CREAR TOTAL UNANIMIDAD EN LA OPINIÓN PÚBLICA."

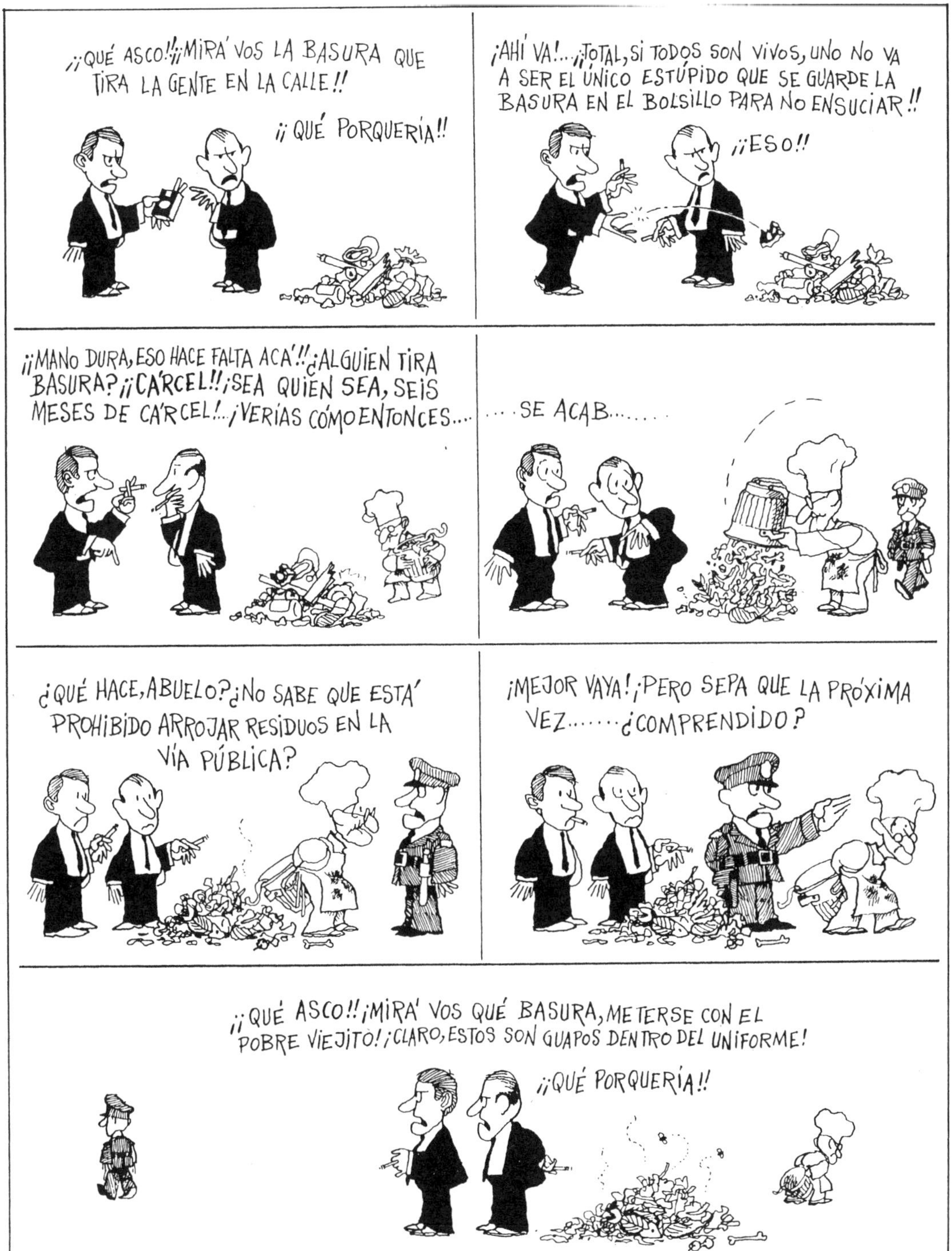
¡¡QUÉ ASCO!! ¡¡MIRÁ VOS LA BASURA QUE TIRA LA GENTE EN LA CALLE!!
¡¡QUÉ PORQUERÍA!!
¡AHÍ VA!... ¡TOTAL, SI TODOS SON VIVOS, UNO NO VA A SER EL ÚNICO ESTÚPIDO QUE SE GUARDE LA BASURA EN EL BOLSILLO PARA NO ENSUCIAR!!
¡¡ESO!!
¡¡MANO DURA, ESO HACE FALTA ACÁ!! ¿ALGUIEN TIRA BASURA? ¡¡CÁRCEL!! ¡SEA QUIEN SEA, SEIS MESES DE CÁRCEL!... ¡VERÍAS CÓMO ENTONCES....
....SE ACAB.......
¿QUÉ HACE, ABUELO? ¿NO SABE QUE ESTÁ PROHIBIDO ARROJAR RESIDUOS EN LA VÍA PÚBLICA?
¡MEJOR VAYA! ¡PERO SEPA QUE LA PRÓXIMA VEZ.......¿COMPRENDIDO?
¡¡QUÉ ASCO!! ¡MIRÁ VOS QUÉ BASURA, METERSE CON EL POBRE VIEJITO! ¡CLARO, ESTOS SON GUAPOS DENTRO DEL UNIFORME!
¡¡QUÉ PORQUERÍA!!

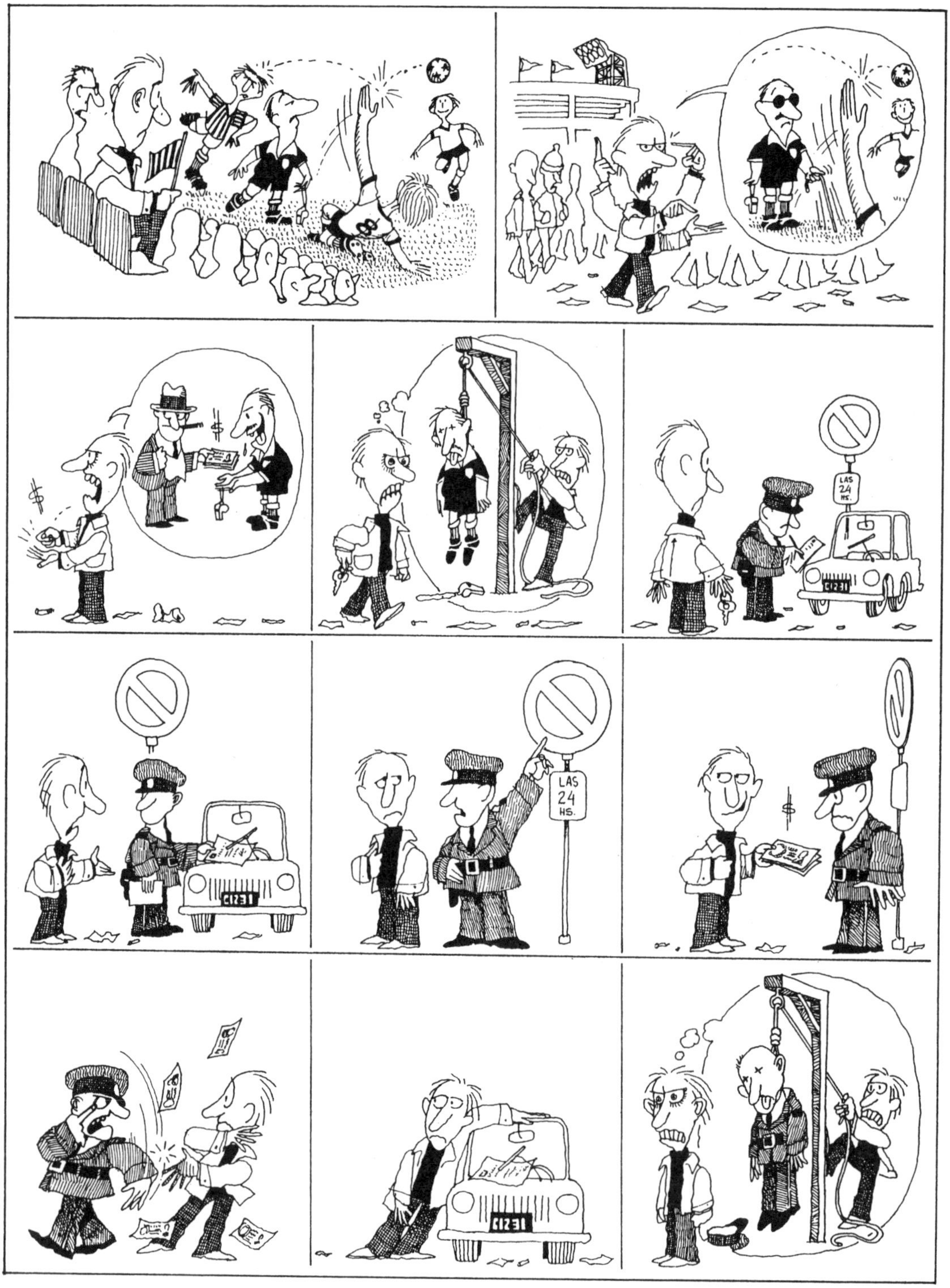

LAS
24
HS.

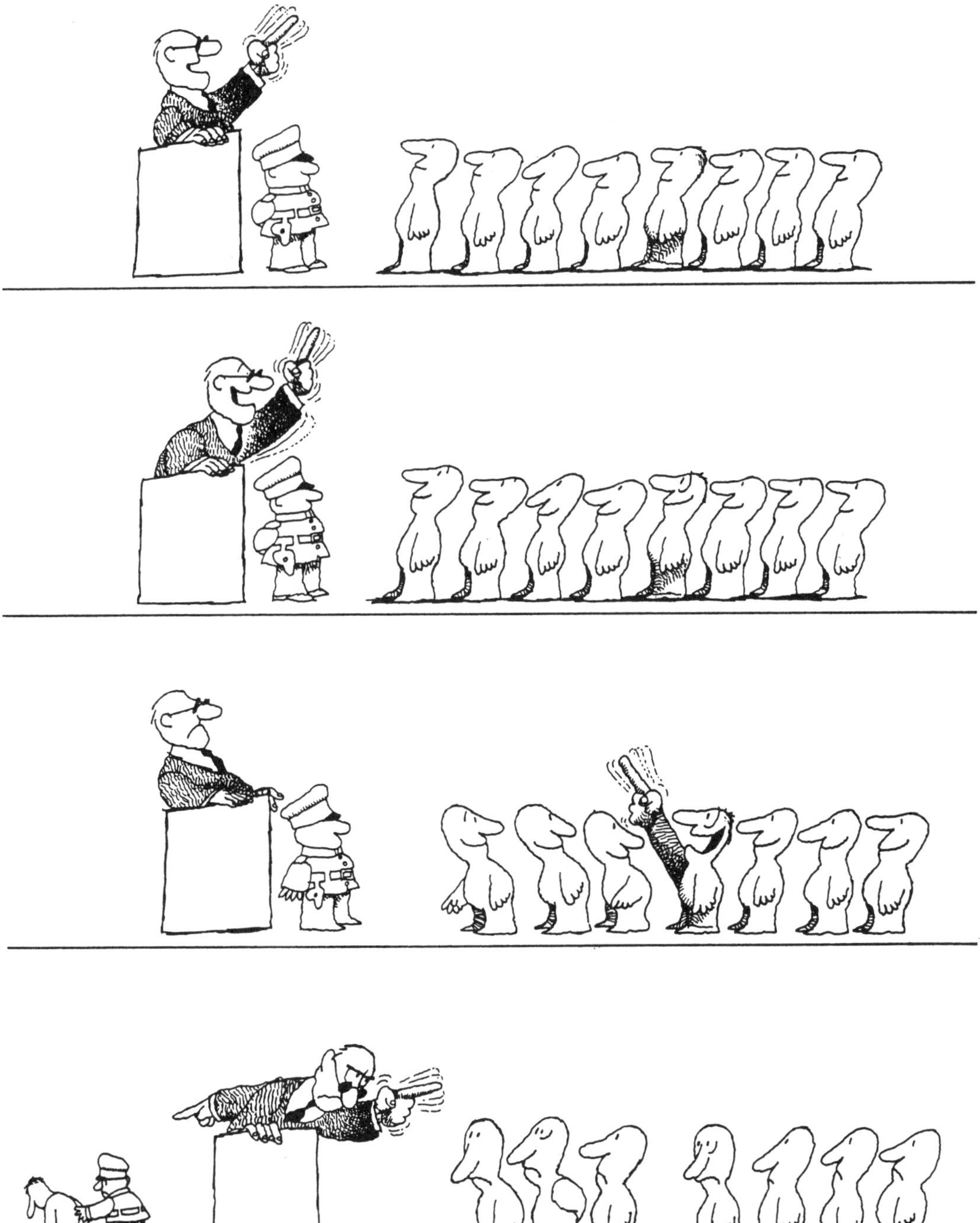

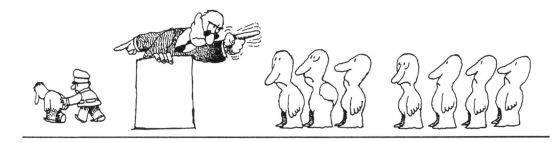

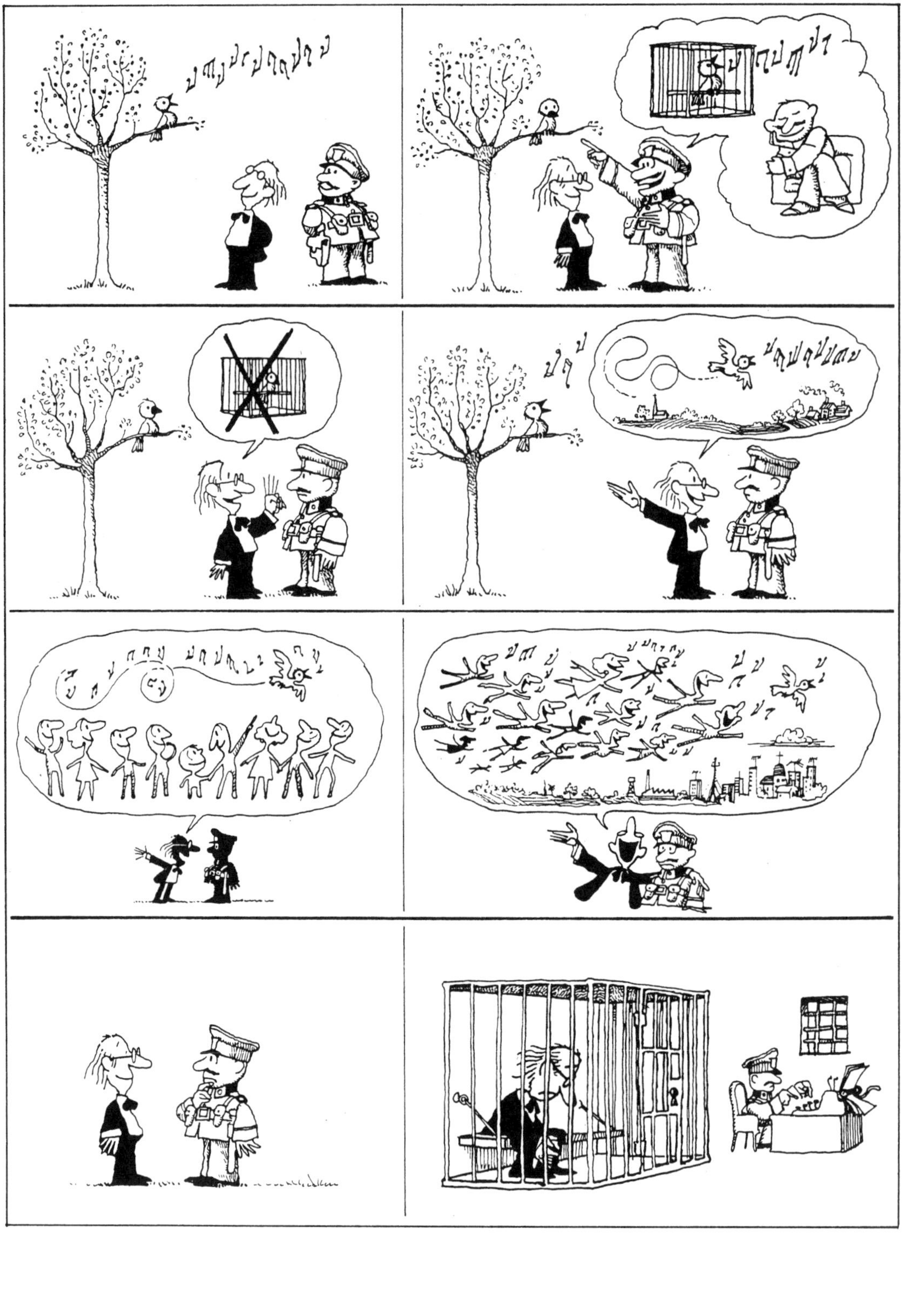

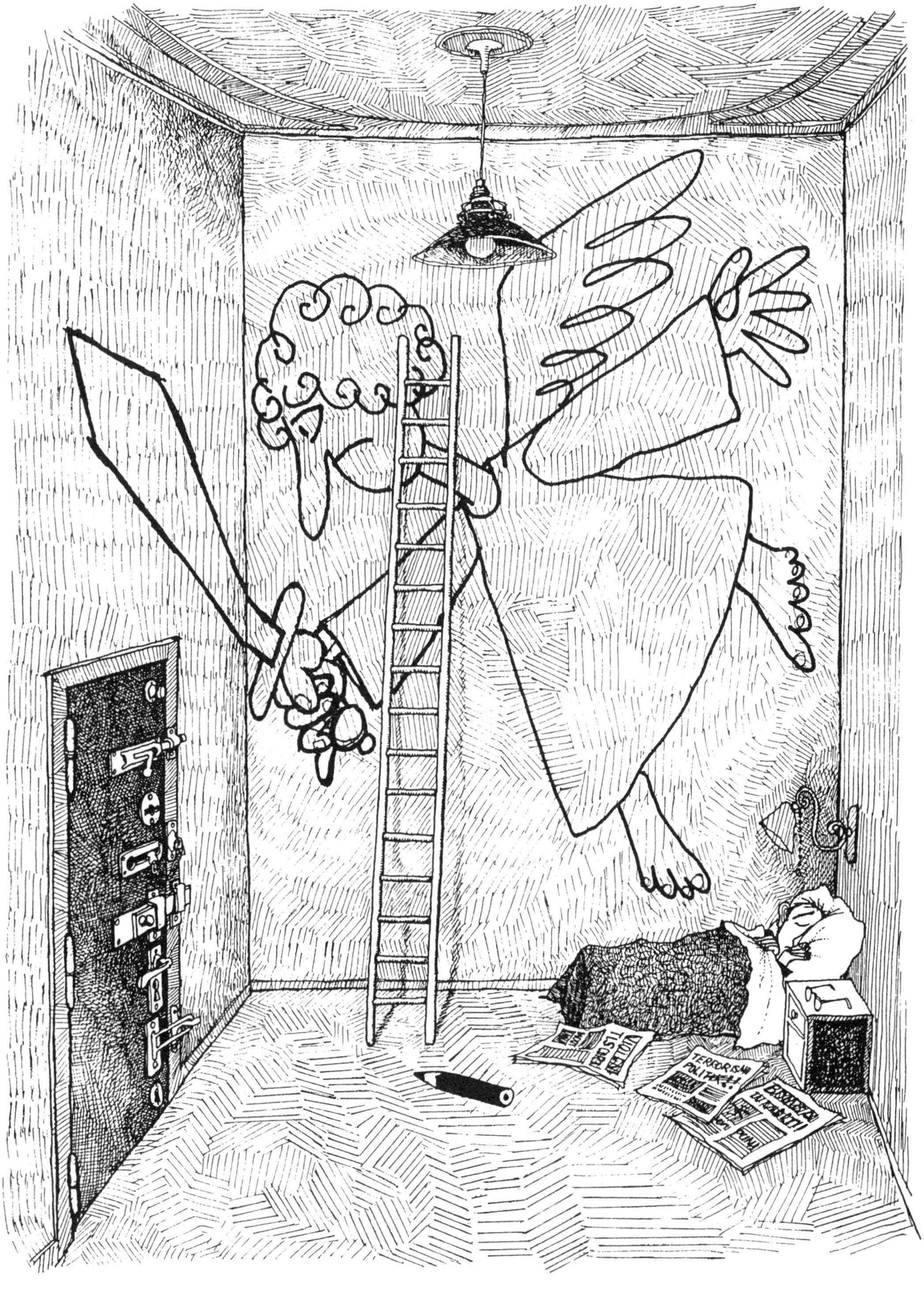
VIOLEN
TERRORISM

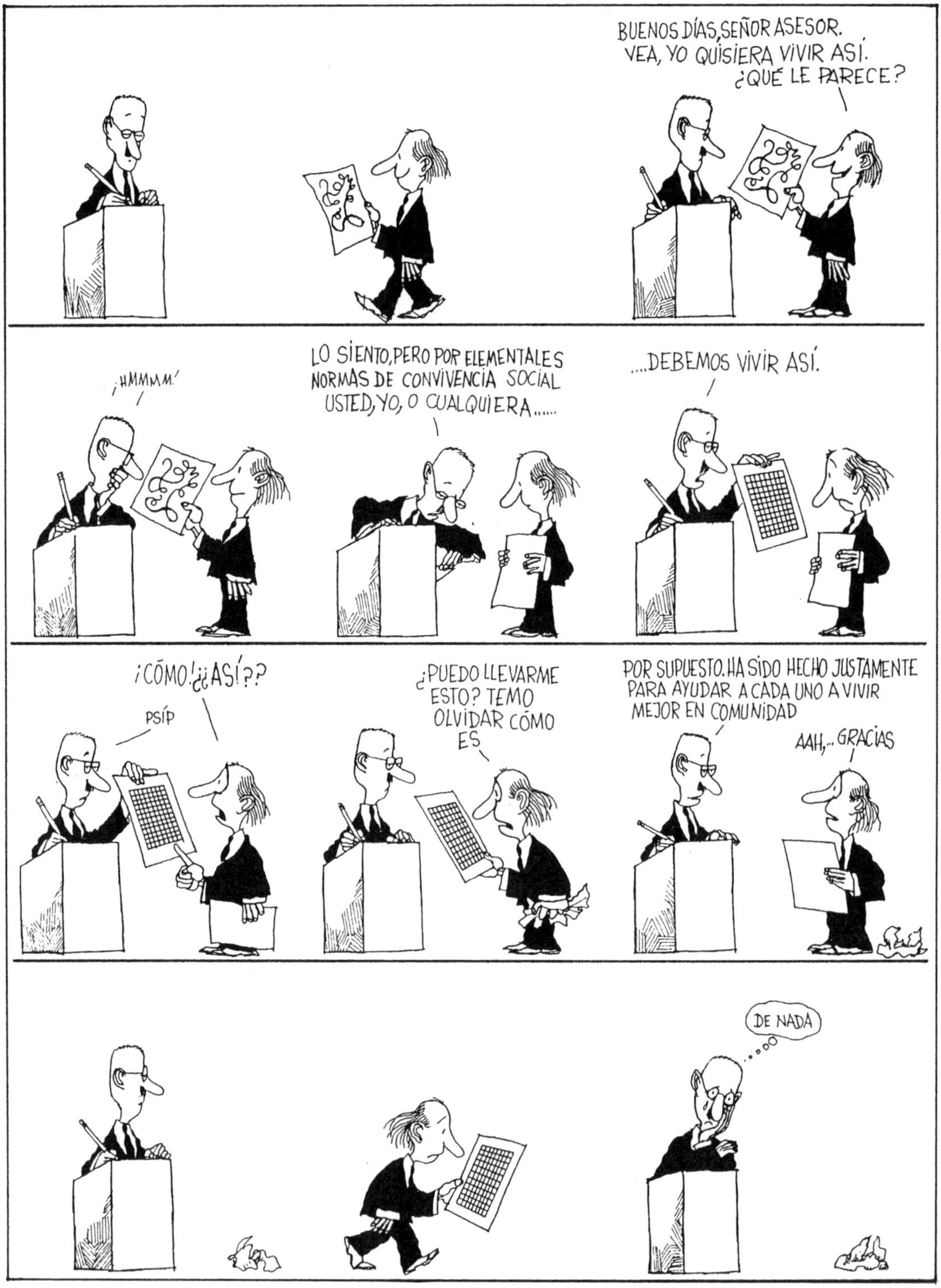
BUENOS DÍAS, SEÑOR ASESOR. VEA, YO QUISIERA VIVIR ASÍ. ¿QUÉ LE PARECE?
¡HMMMM!
LO SIENTO, PERO POR ELEMENTALES NORMAS DE CONVIVENCIA SOCIAL USTED, YO, O CUALQUIERA......
....DEBEMOS VIVIR ASÍ.
¡CÓMO! ¿¿ASÍ??
PSÍP
¿PUEDO LLEVARME ESTO? TEMO OLVIDAR CÓMO ES
POR SUPUESTO. HA SIDO HECHO JUSTAMENTE PARA AYUDAR A CADA UNO A VIVIR MEJOR EN COMUNIDAD
AAH,.. GRACIAS
DE NADA

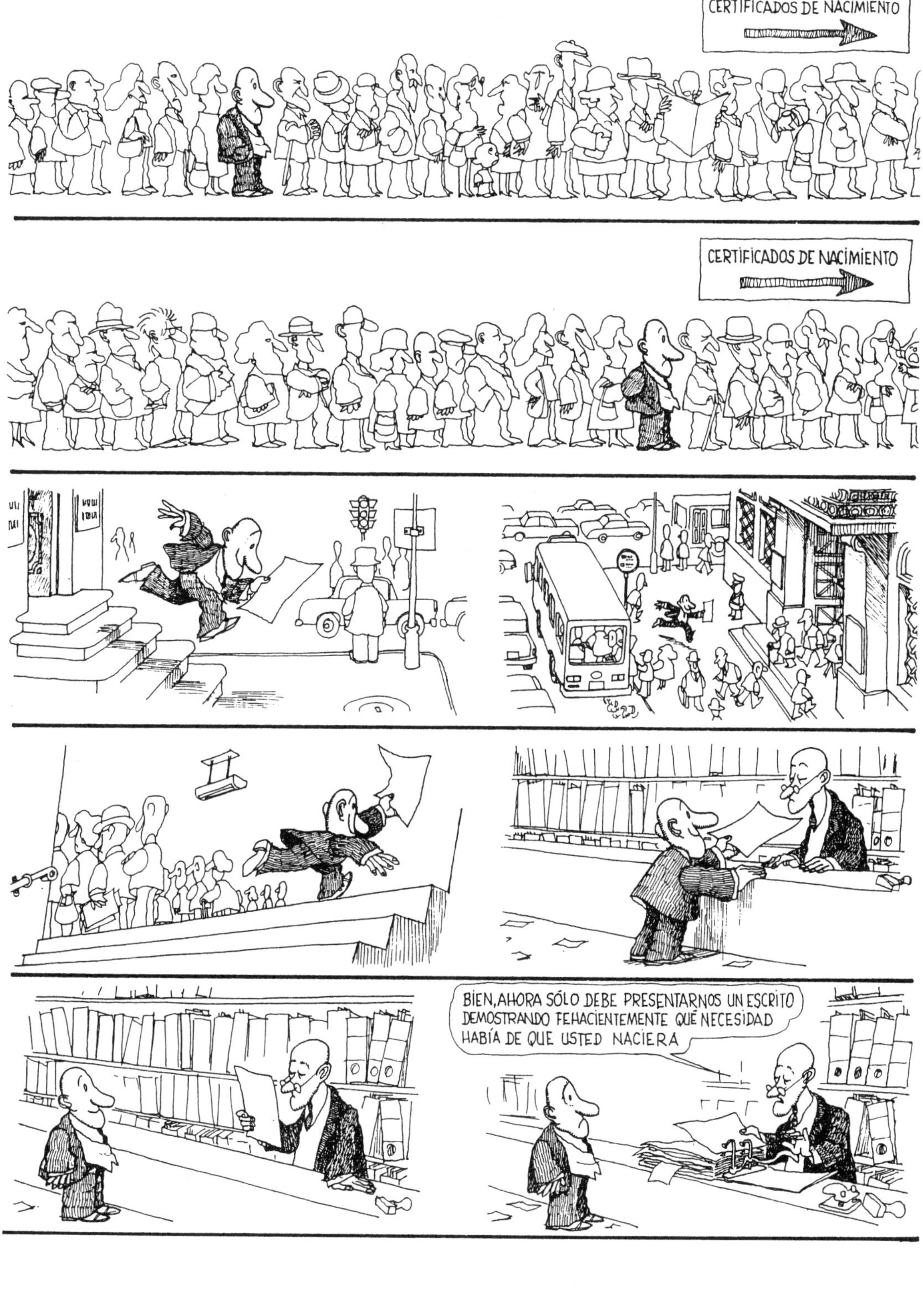
CERTIFICADOS DE NACIMIENTO
CERTIFICADOS DE NACIMIENTO
BIEN, AHORA SÓLO DEBE PRESENTARNOS UN ESCRITO DEMOSTRANDO FEHACIENTEMENTE QUÉ NECESIDAD HABÍA DE QUE USTED NACIERA

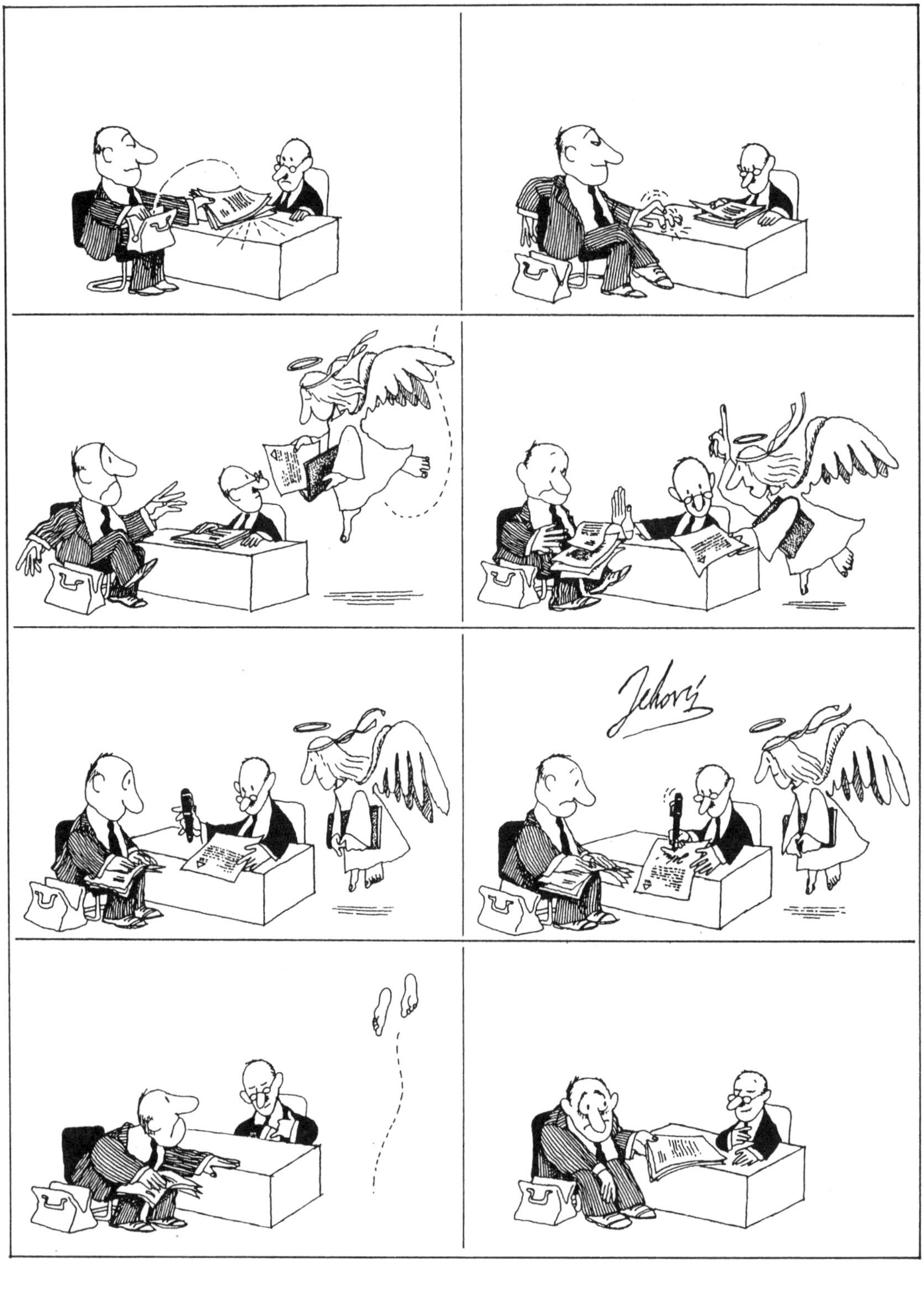
Jehová

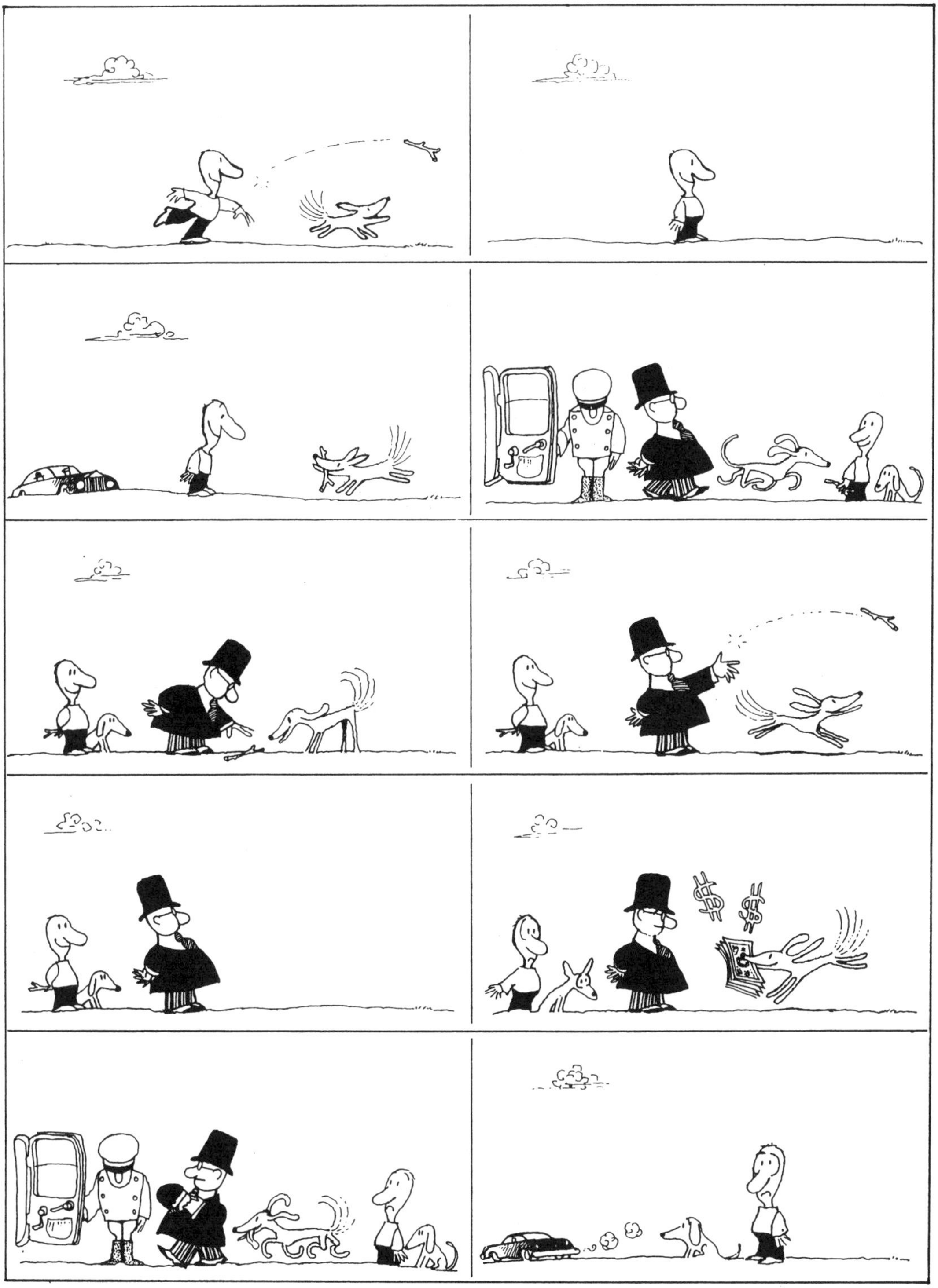

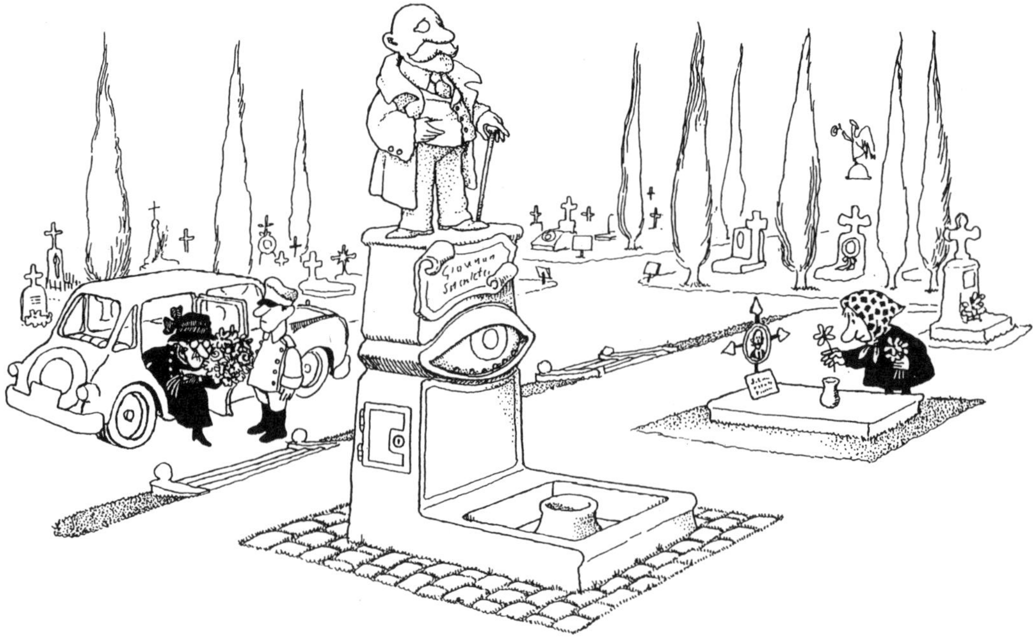

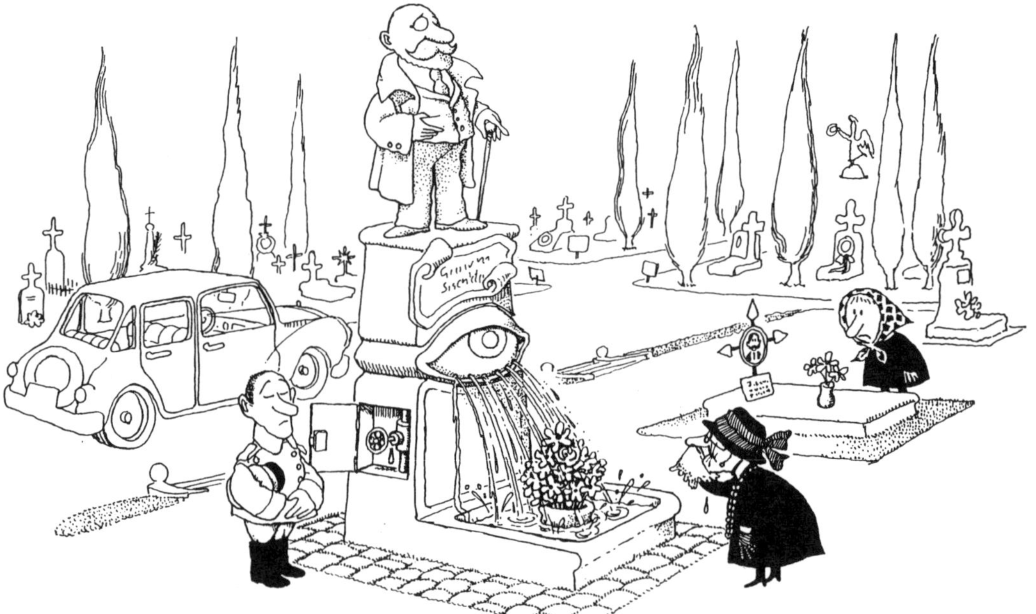

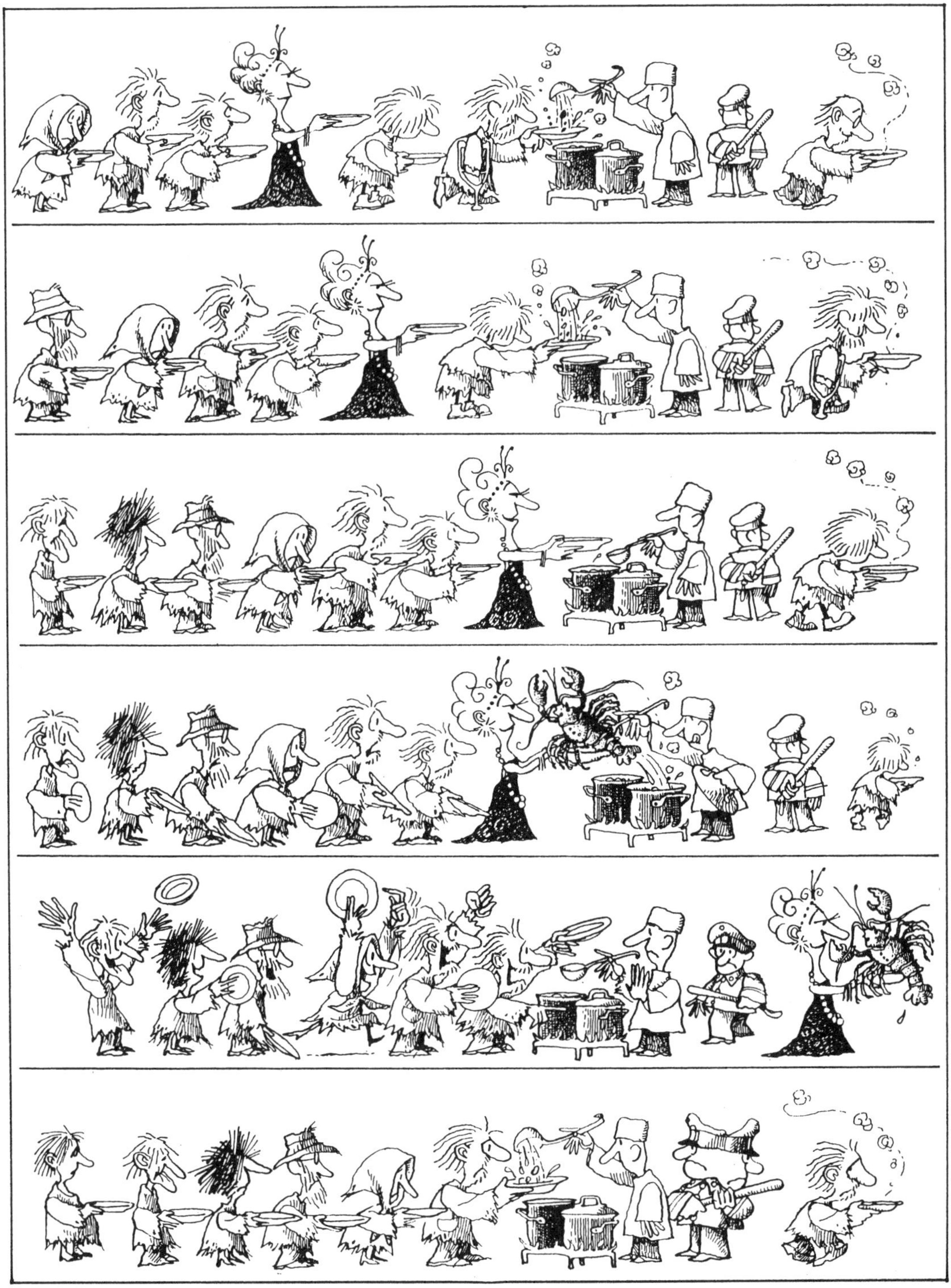

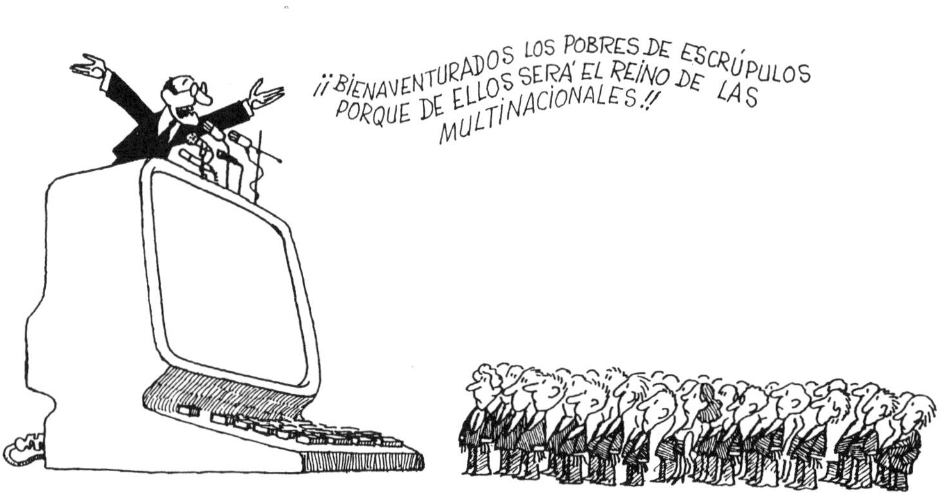
¡¡BIENAVENTURADOS LOS POBRES DE ESCRÚPULOS PORQUE DE ELLOS SERÁ EL REINO DE LAS MULTINACIONALES!!

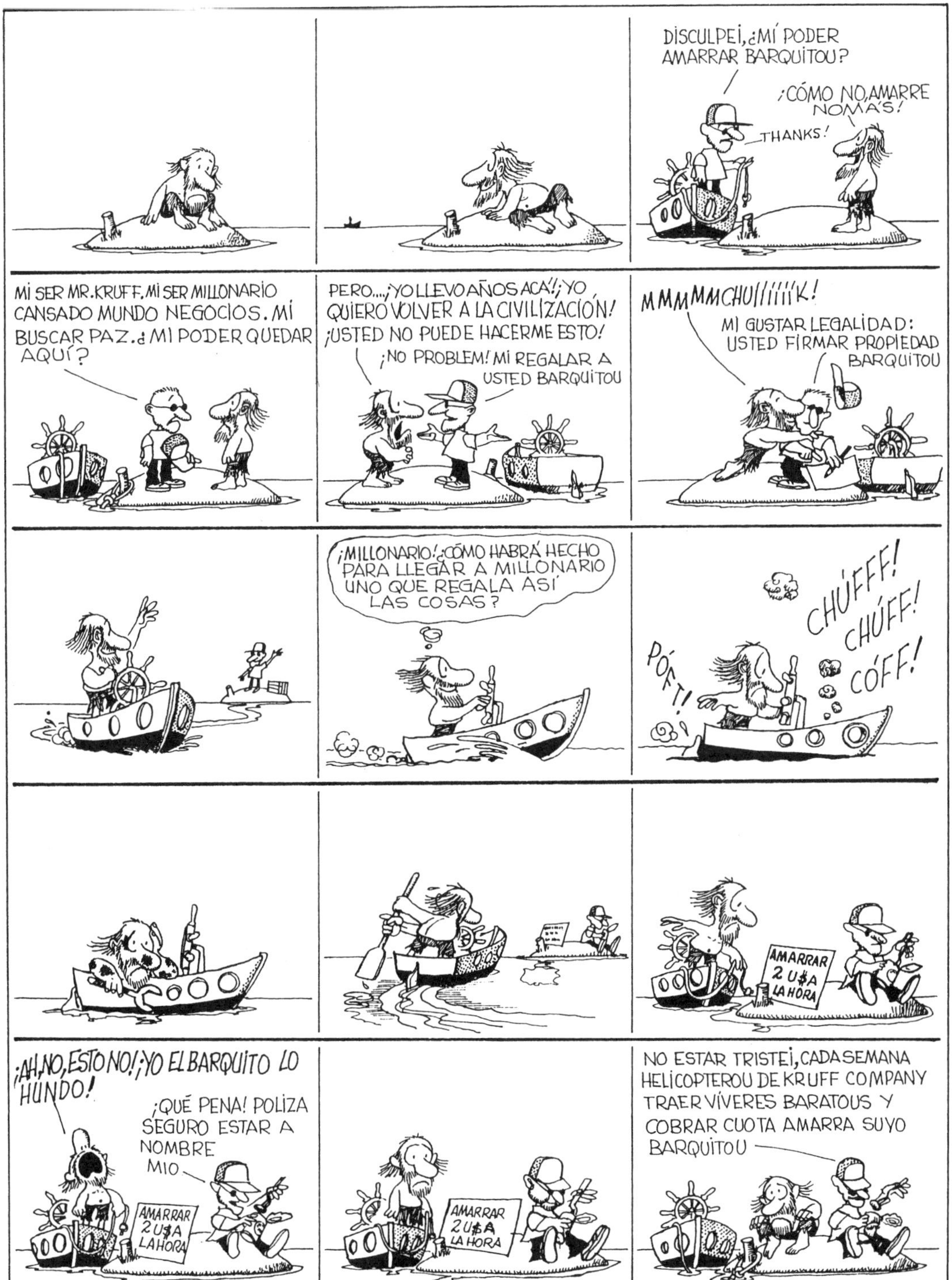
DISCULPEI, ¿MÍ PODER AMARRAR BARQUITOU?
¡CÓMO NO, AMARRE NOMÁS!
THANKS!
MI SER MR. KRUFF. MI SER MILLONARIO CANSADO MUNDO NEGOCIOS. MÍ BUSCAR PAZ. ¿MI PODER QUEDAR AQUÍ?
PERO...¡YO LLEVO AÑOS ACÁ!¡YO QUIERO VOLVER A LA CIVILIZACIÓN! ¡USTED NO PUEDE HACERME ESTO!
¡NO PROBLEM! MI REGALAR A USTED BARQUITOU
MMMMMCHU!!!!!!K!
MI GUSTAR LEGALIDAD: USTED FIRMAR PROPIEDAD BARQUITOU
¡MILLONARIO! ¿CÓMO HABRÁ HECHO PARA LLEGAR A MILLONARIO UNO QUE REGALA ASÍ LAS COSAS?
CHÚFFF! CHÚFF! CÓFF!
PÓFT!!
AMARRAR 2 U$A LA HORA
¡AH, NO, ESTO NO! ¡YO EL BARQUITO LO HUNDO!
¡QUÉ PENA! POLIZA SEGURO ESTAR A NOMBRE MIO
AMARRAR 2 U$A LA HORA
AMARRAR 2 U$A LA HORA
NO ESTAR TRISTEI, CADA SEMANA HELICOPTEROU DE KRUFF COMPANY TRAER VÍVERES BARATOUS Y COBRAR CUOTA AMARRA SUYO BARQUITOU

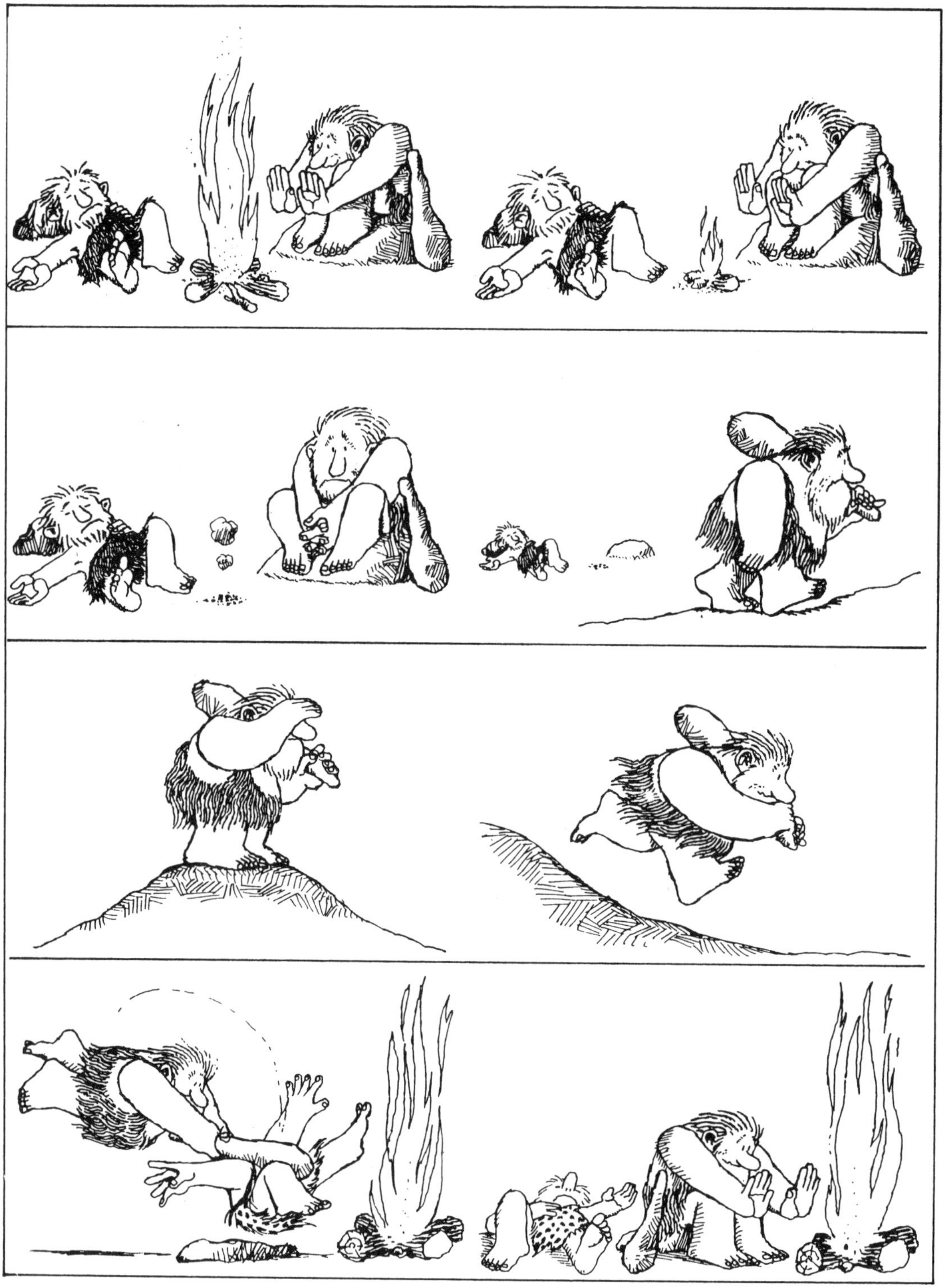

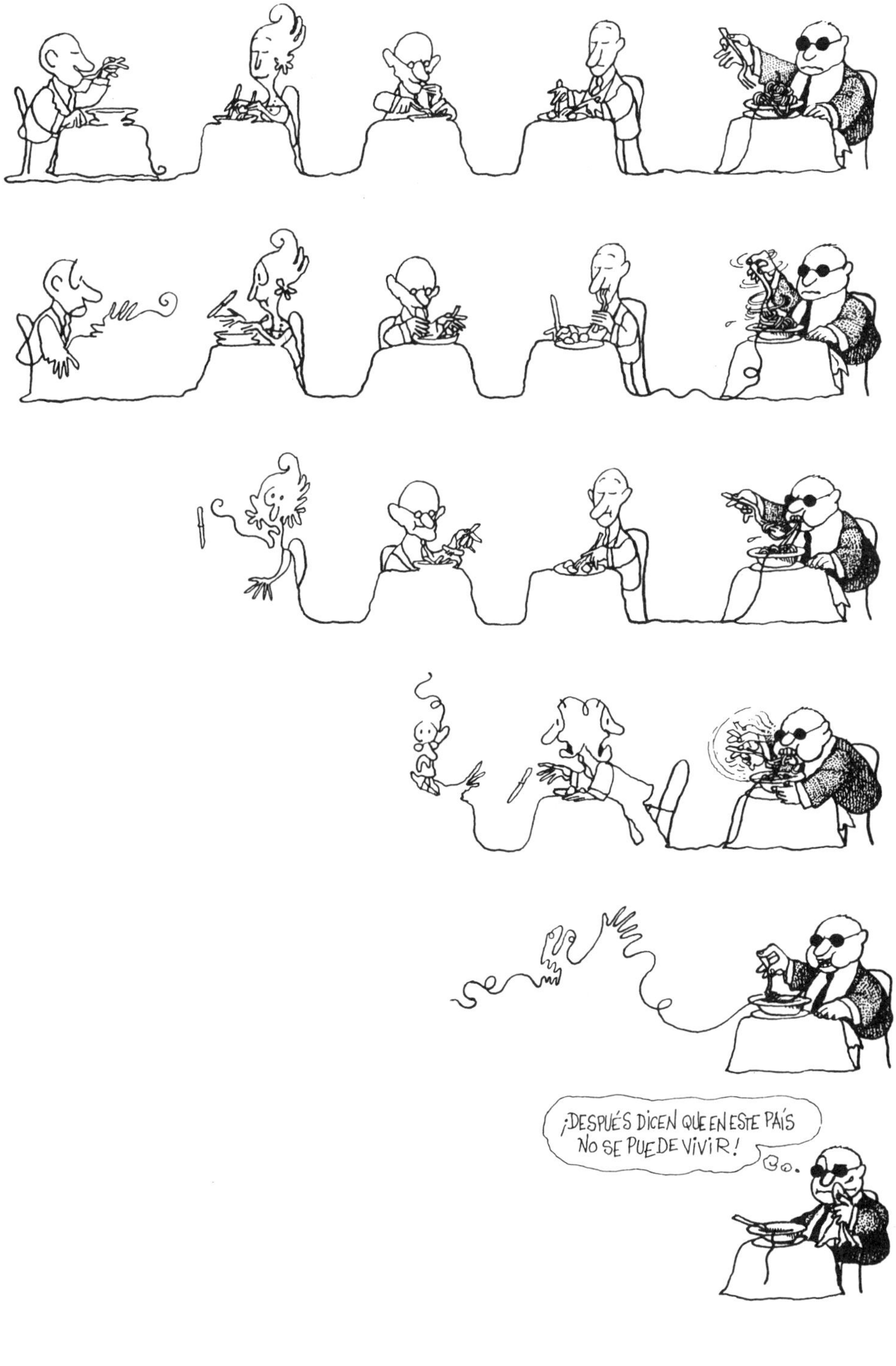
¡DESPUÉS DICEN QUE EN ESTE PAÍS NO SE PUEDE VIVIR!

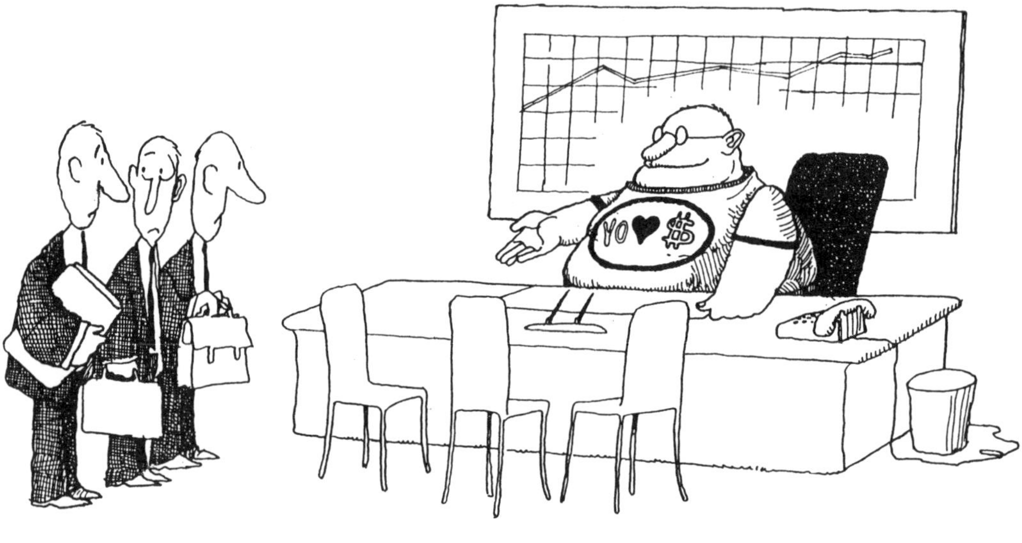
YO ♥ $

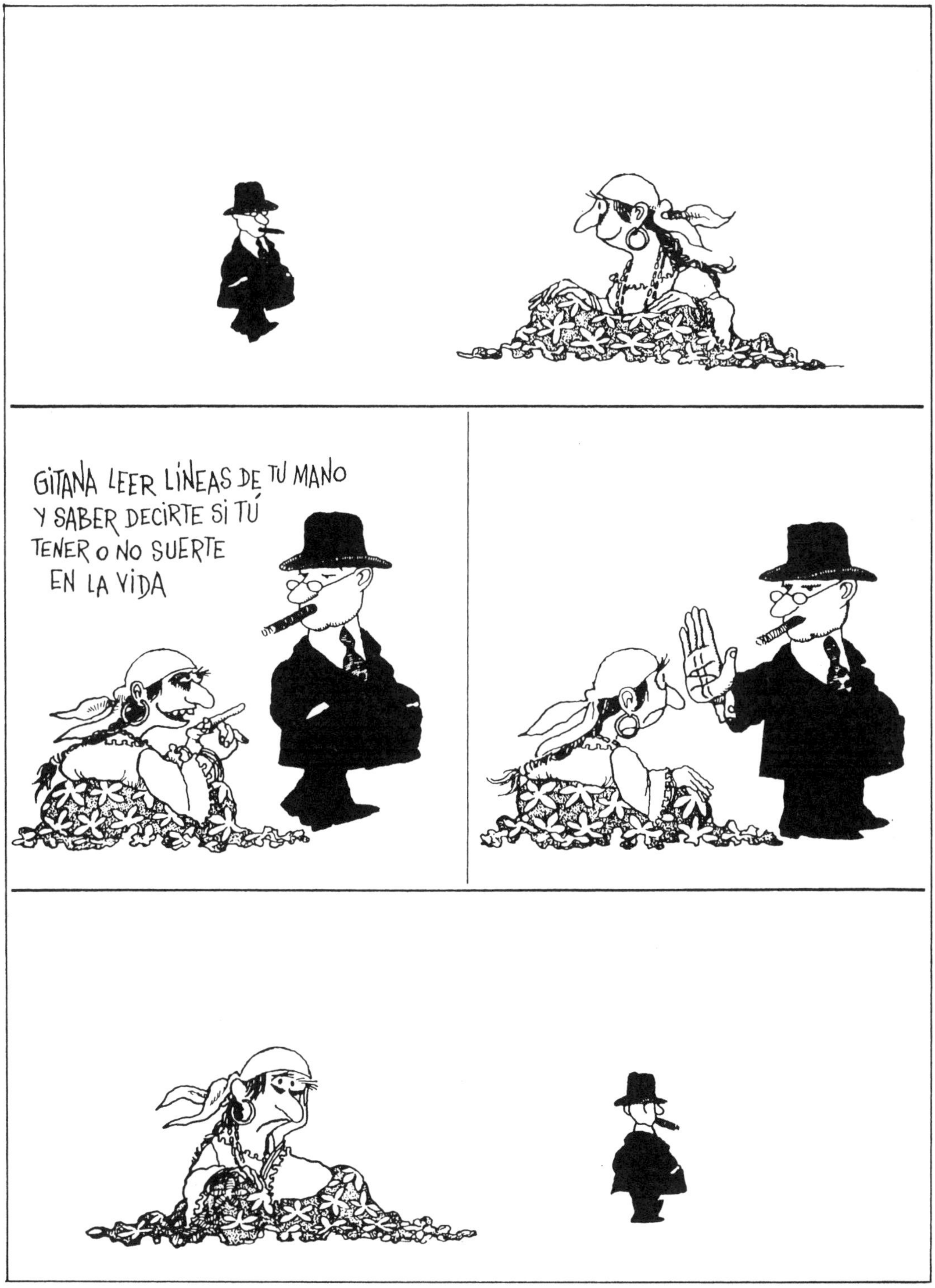
GITANA LEER LINEAS DE TU MANO
Y SABER DECIRTE SI TÚ
TENER O NO SUERTE
EN LA VIDA

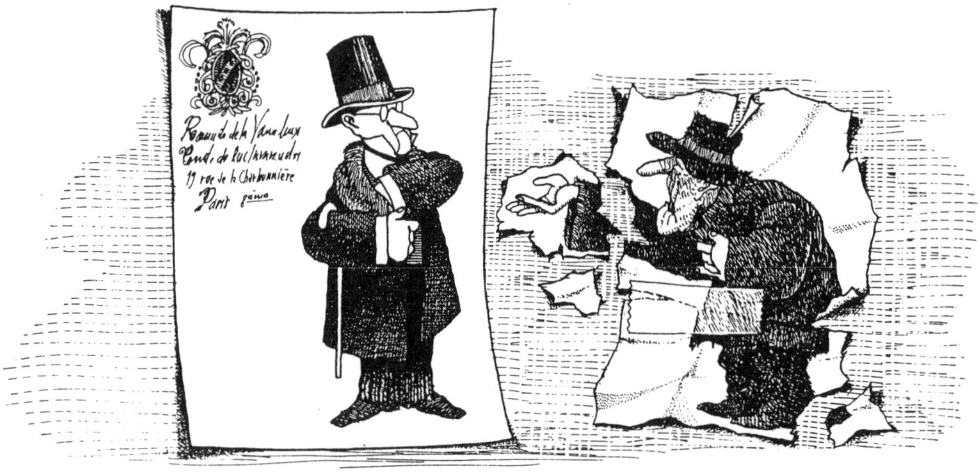
19 rue de la Charbonnière
Paris

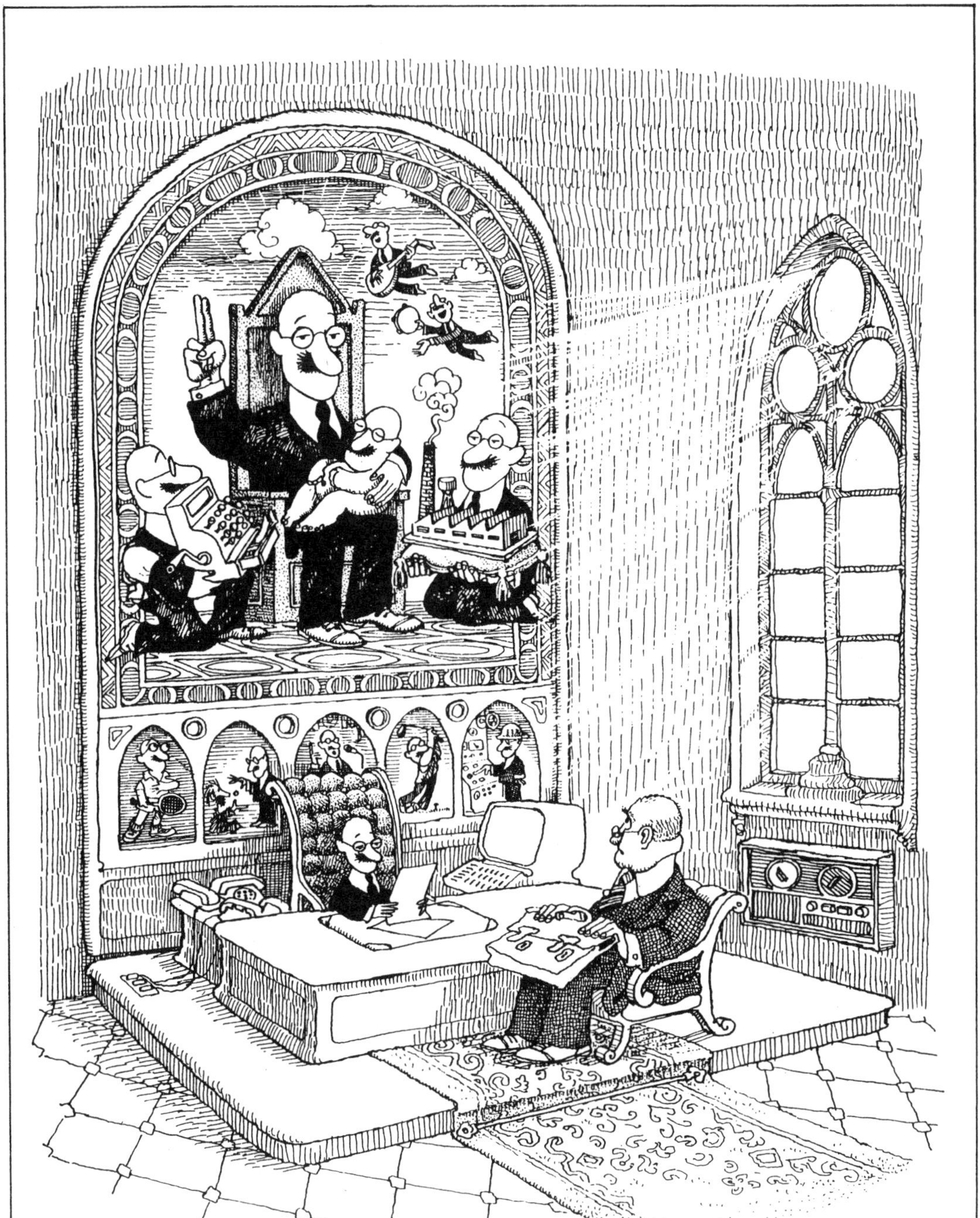

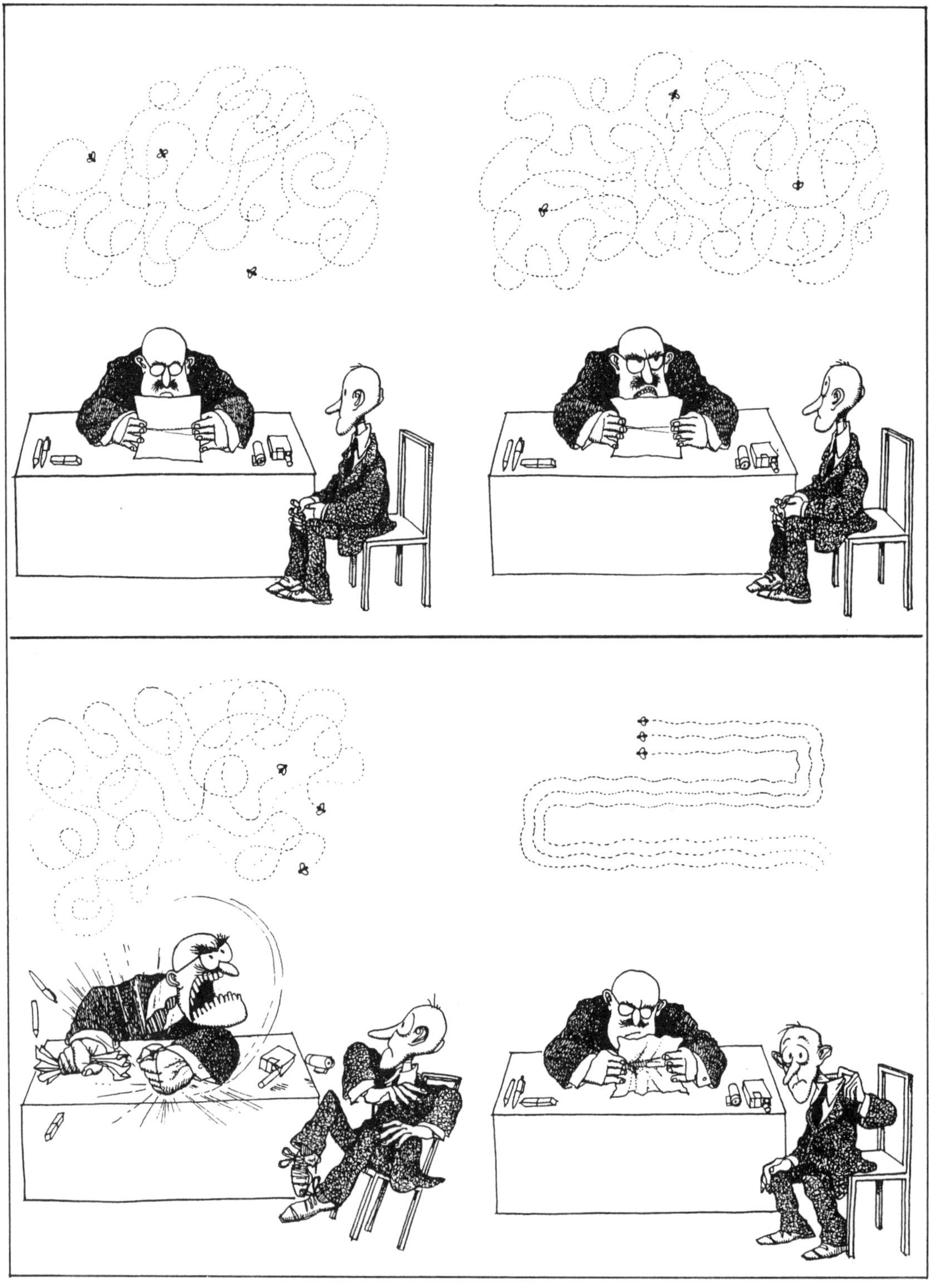

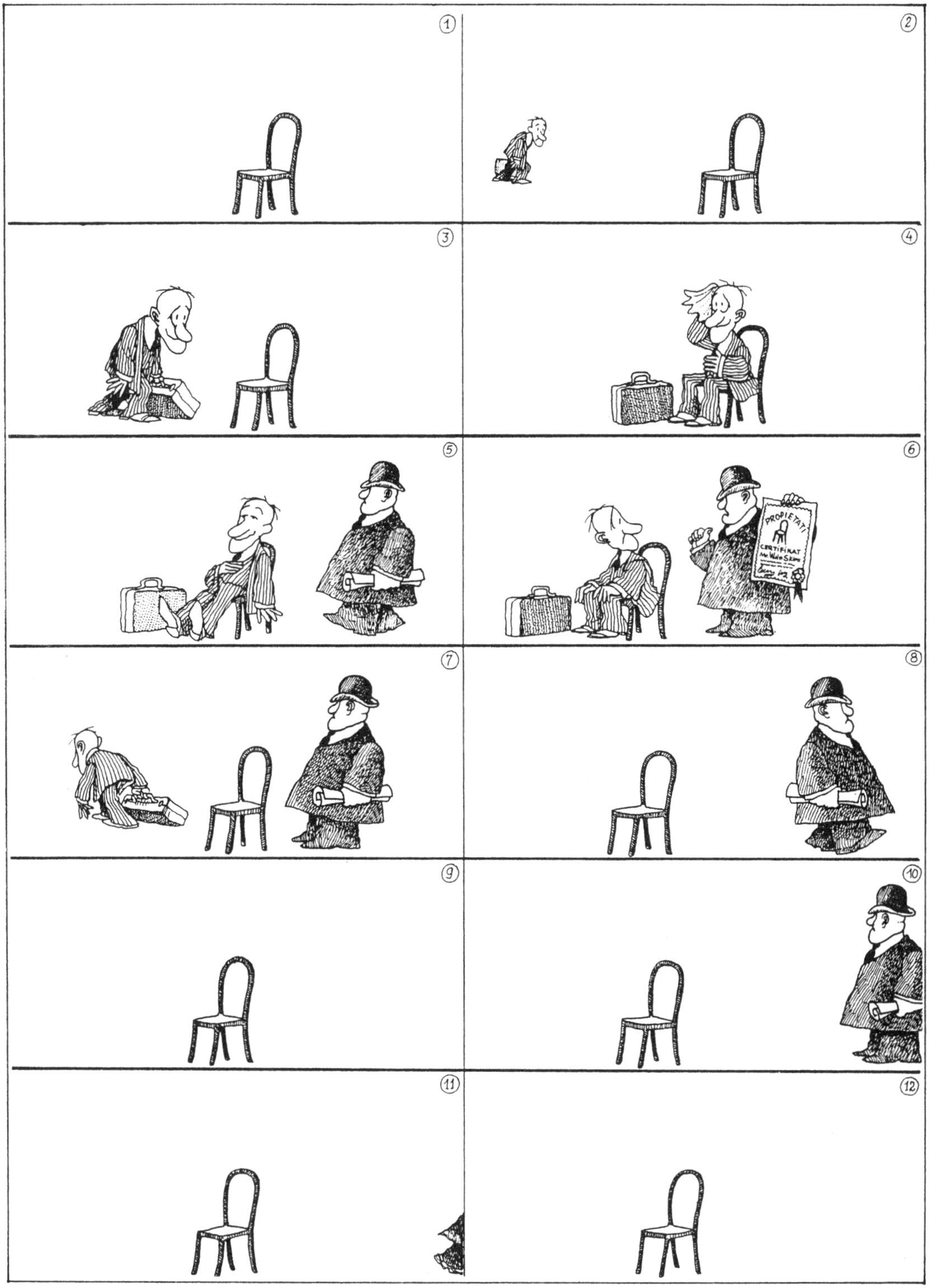
PROPIETATI
CERTIFIKAT

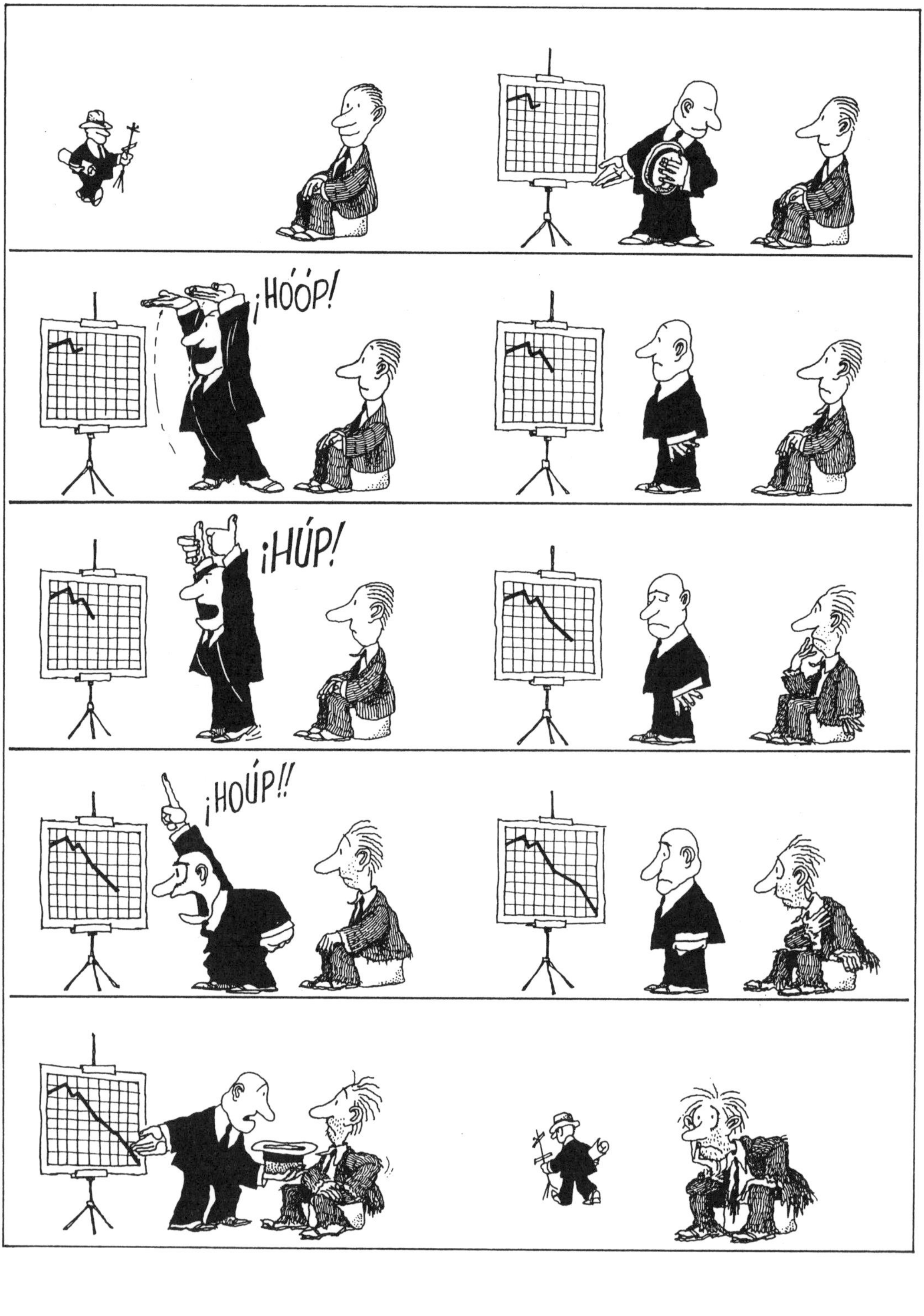
¡HOÓP!
¡HÚP!
¡HOÚP!!

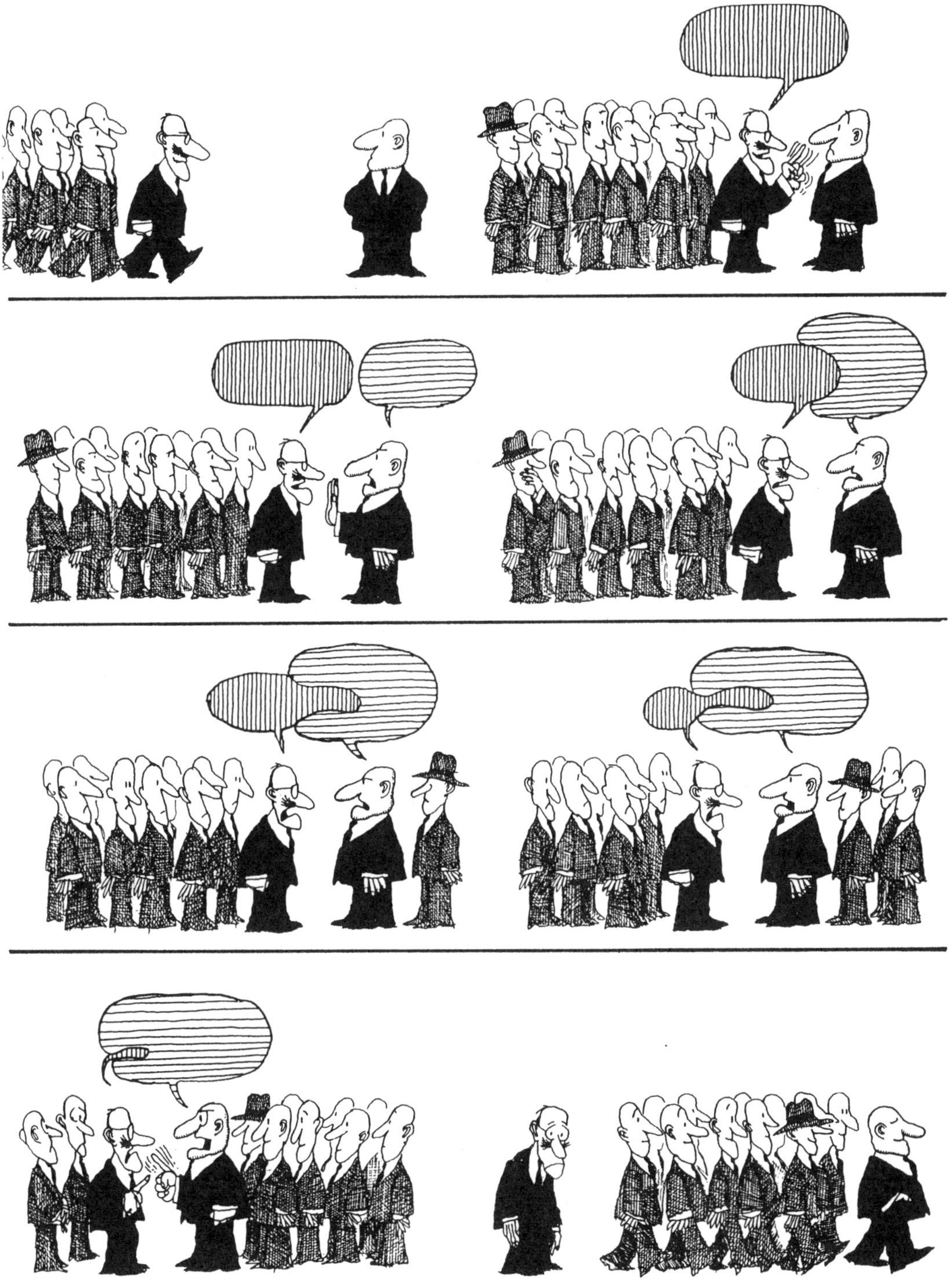

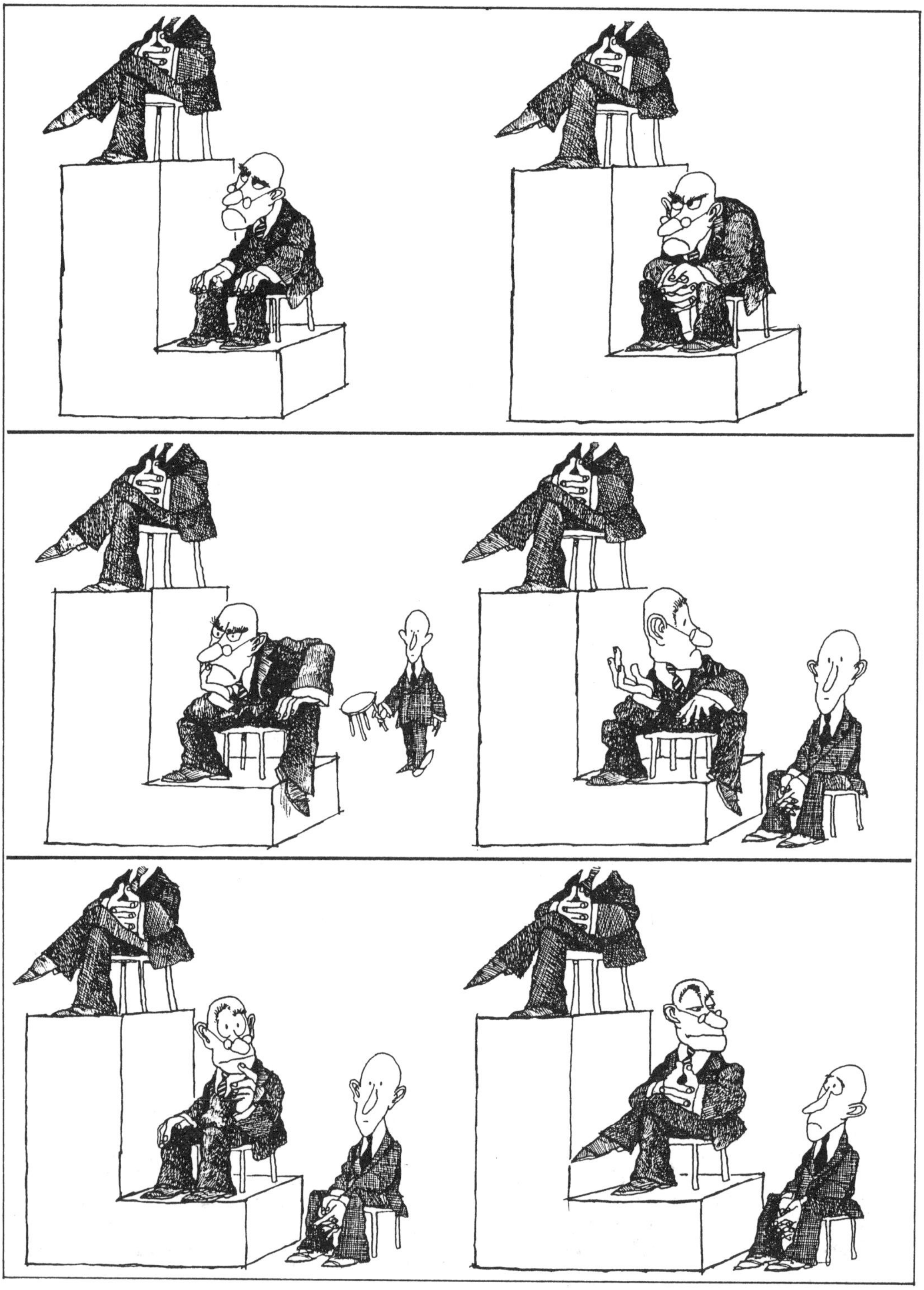

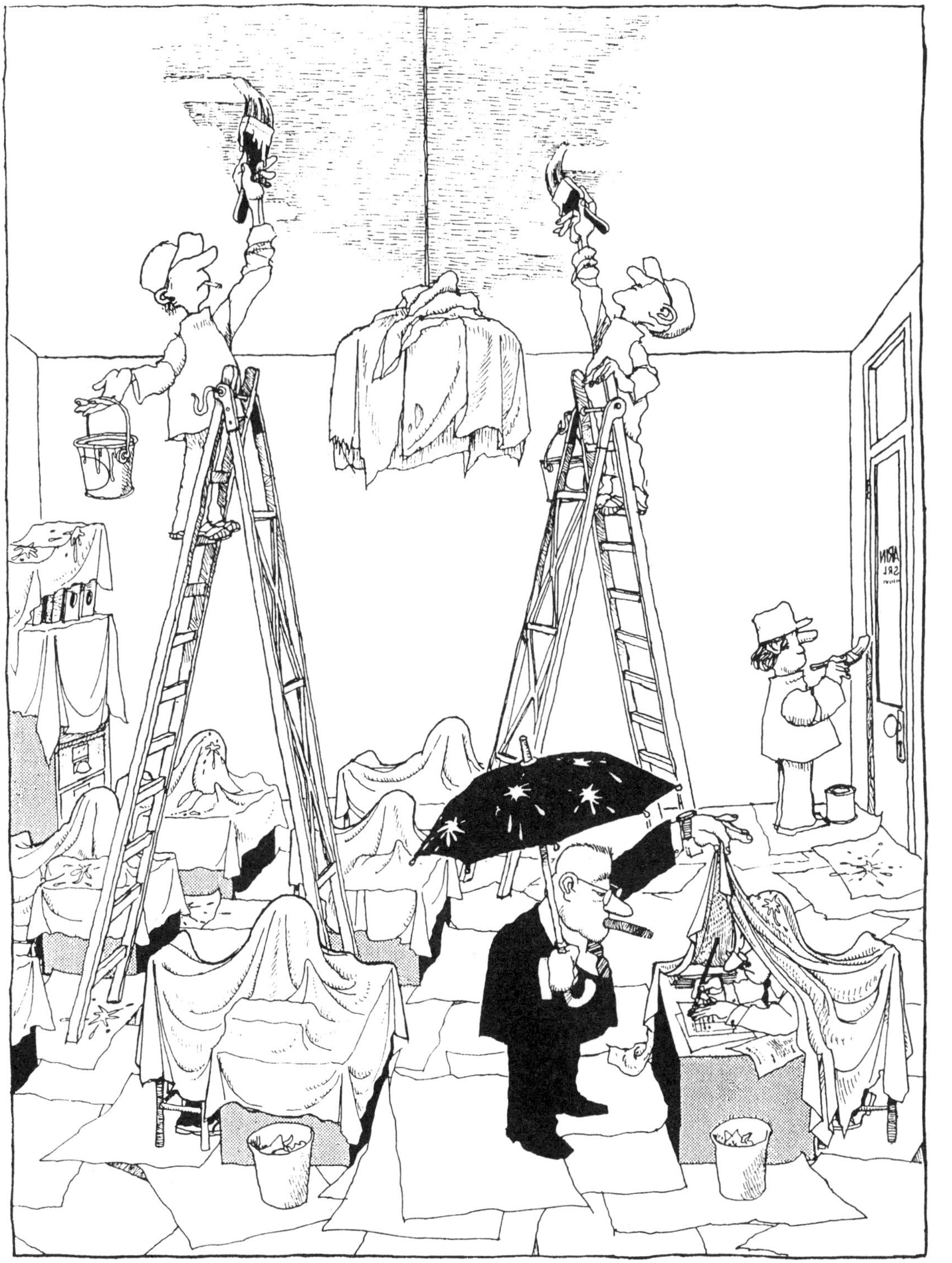

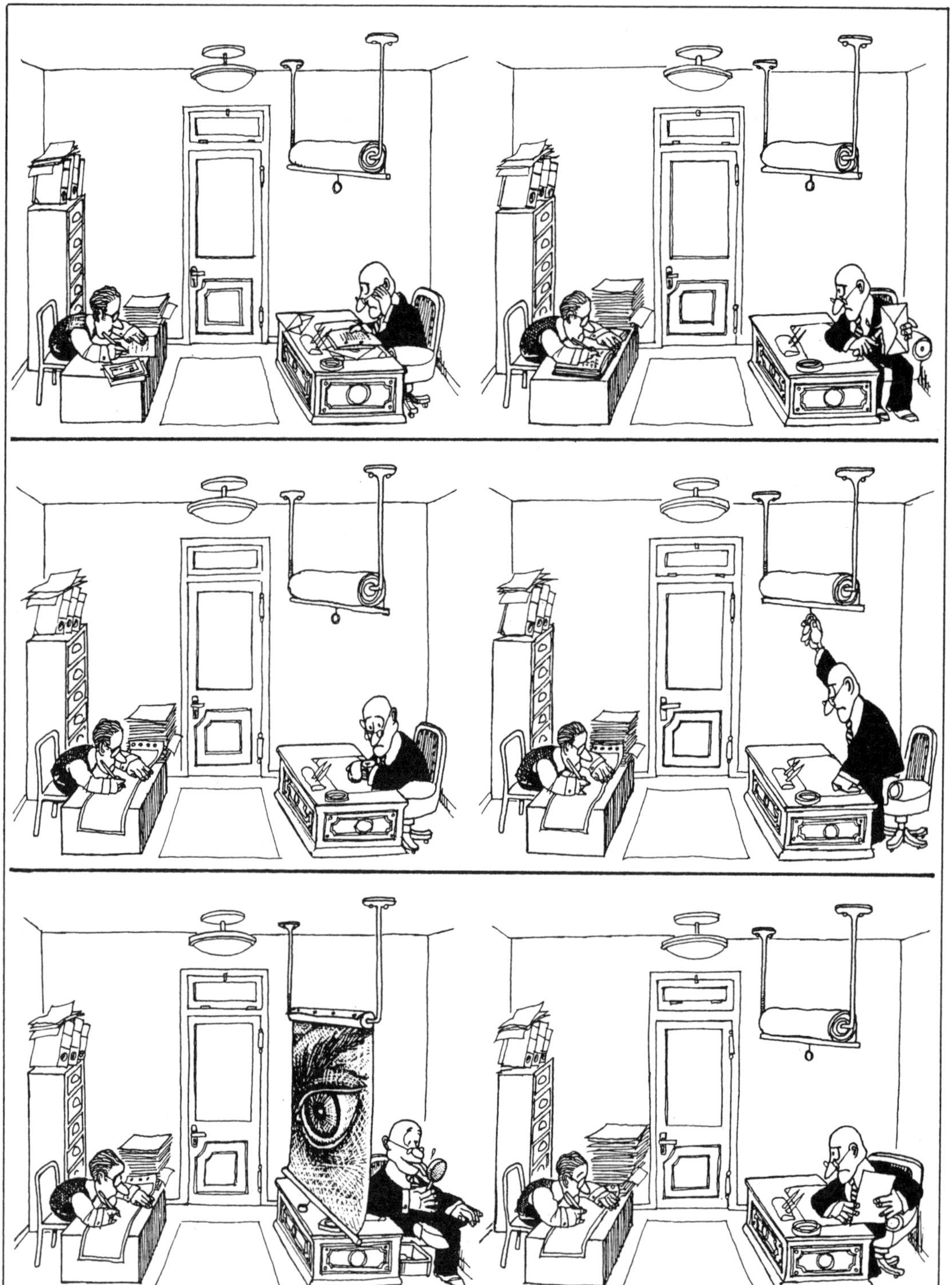

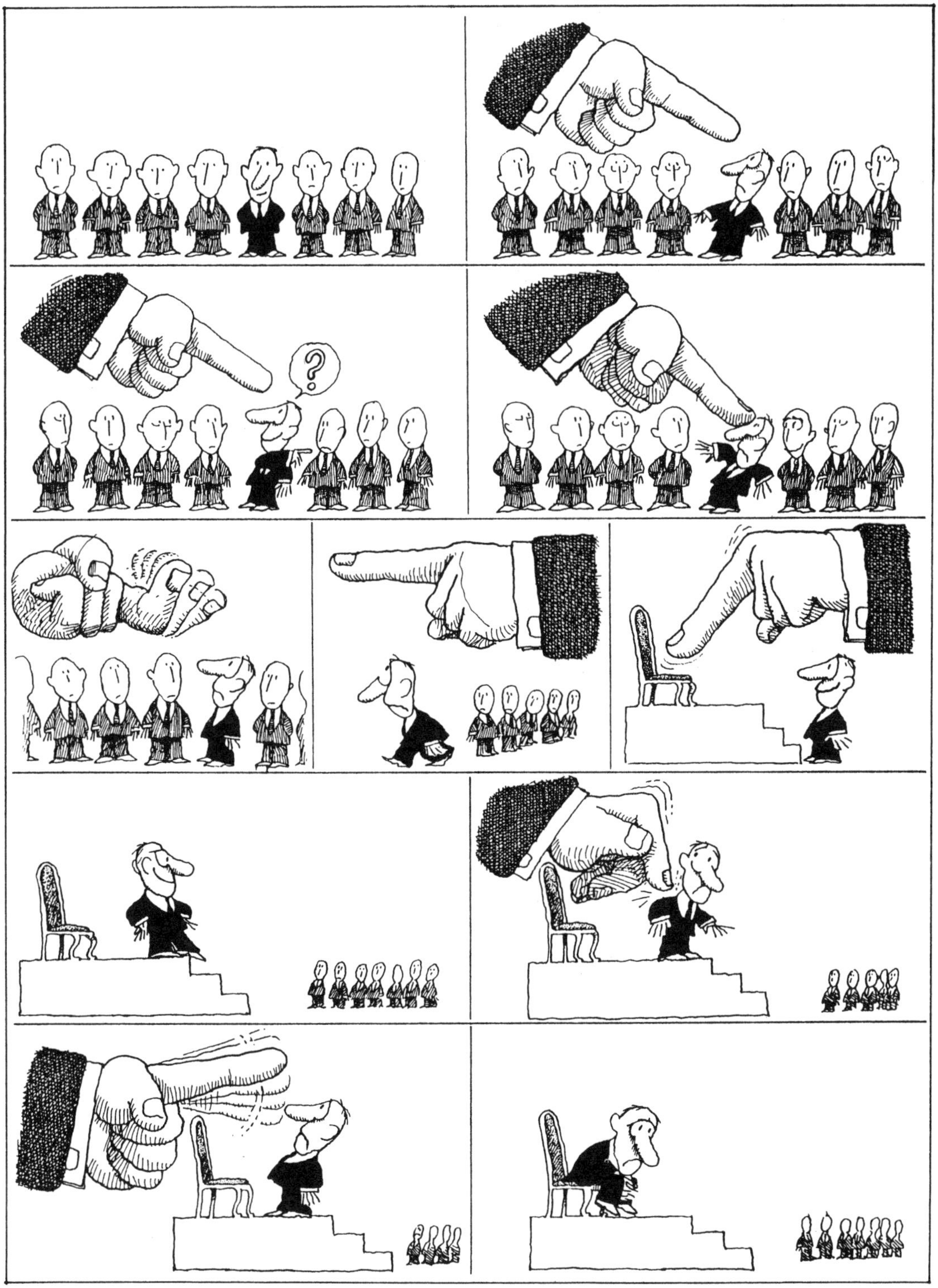
?

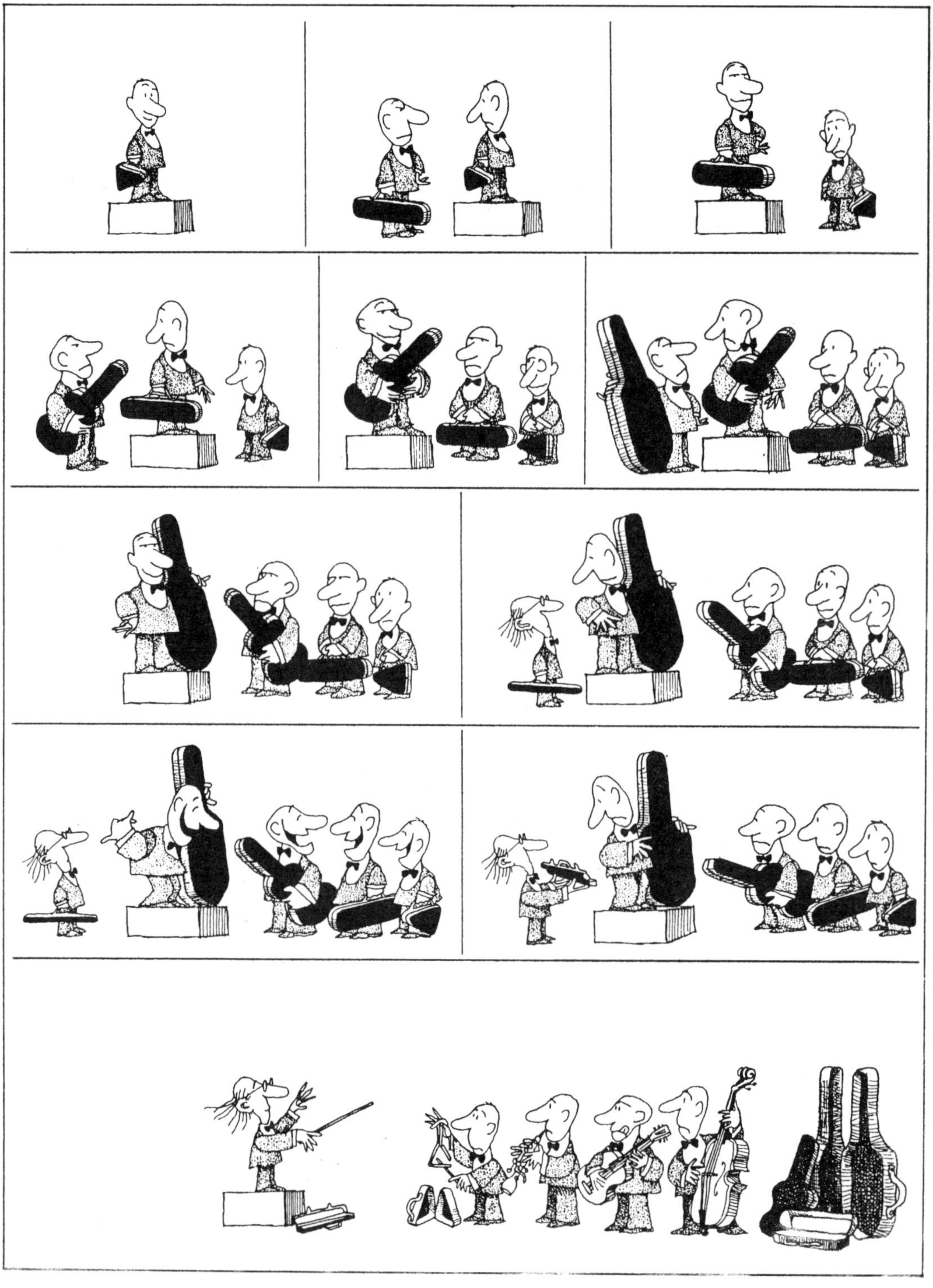

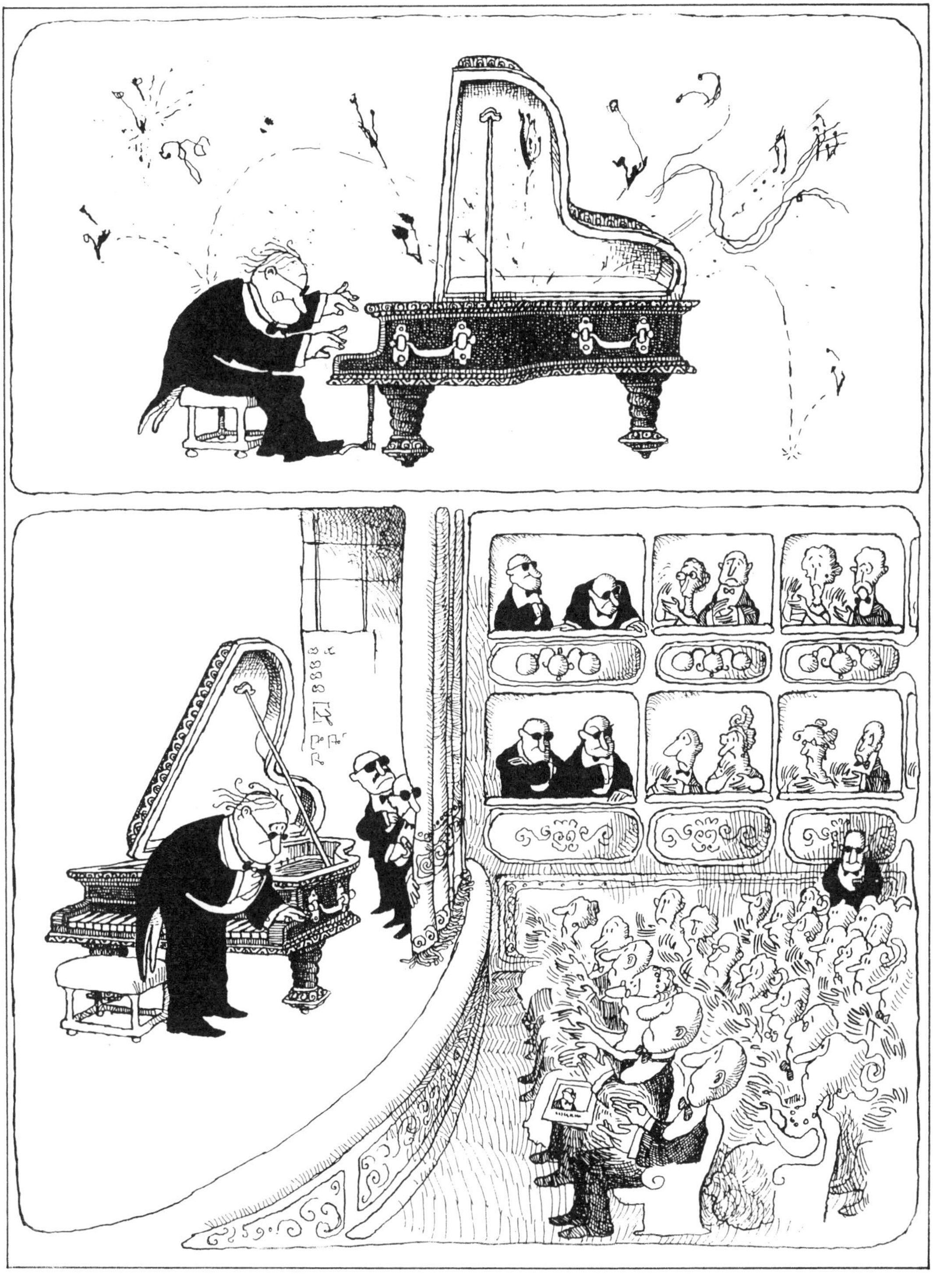

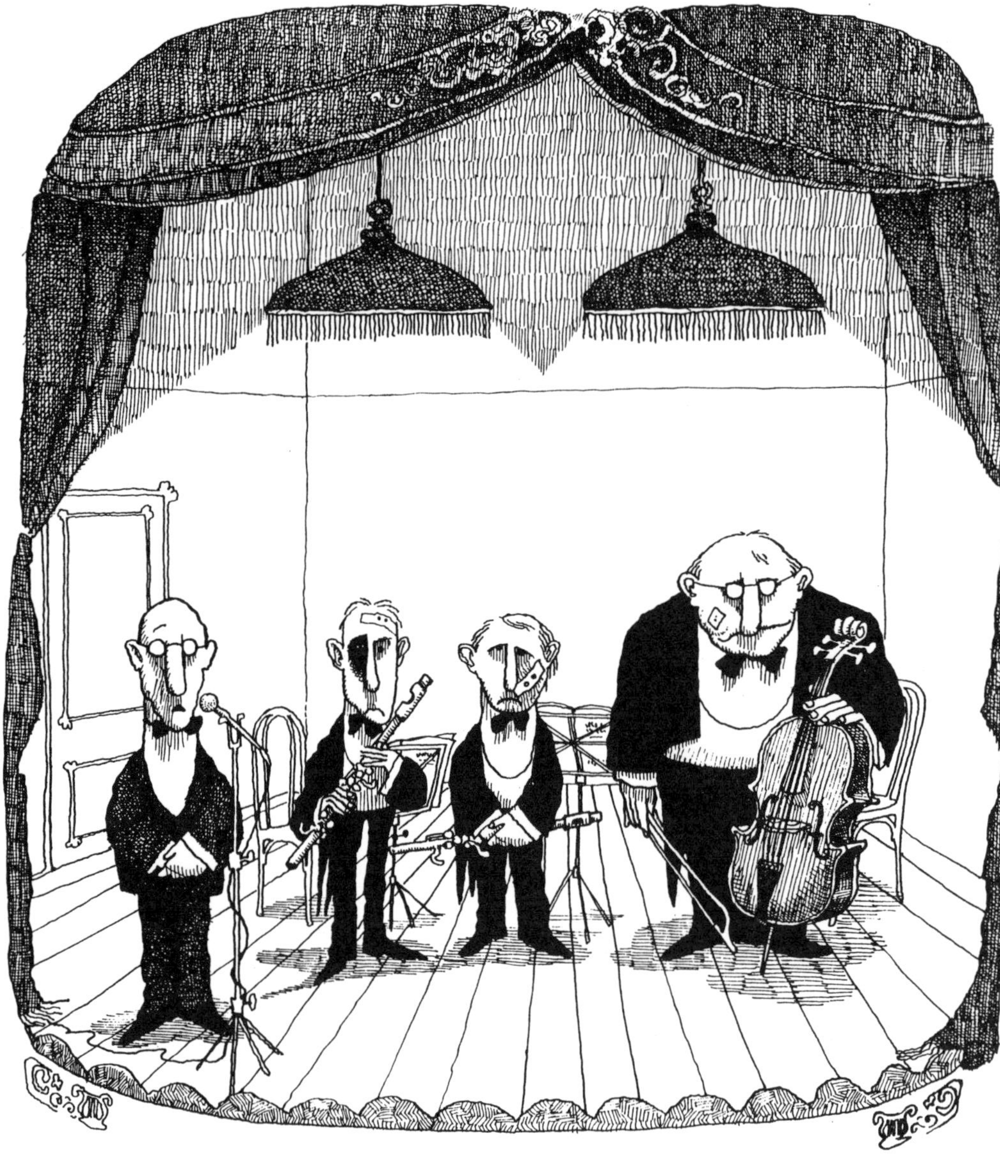

—ACLARAMOS AL ESTIMADO AUDITORIO QUE LA OBRA QUE EL *"TERCETO HARMONICUS"* NOS BRINDA SEGUIDAMENTE NO ES EL TRÍO Nº3 EN SOL MAYOR, DE HAYDN, PARA DOS FLAUTAS Y VIOLONCELLO, SINO EL TRÍO Nº3 EN SOL MAYOR, DE HAYDN, PARA **VIOLONCELLO** Y DOS FLAUTAS.

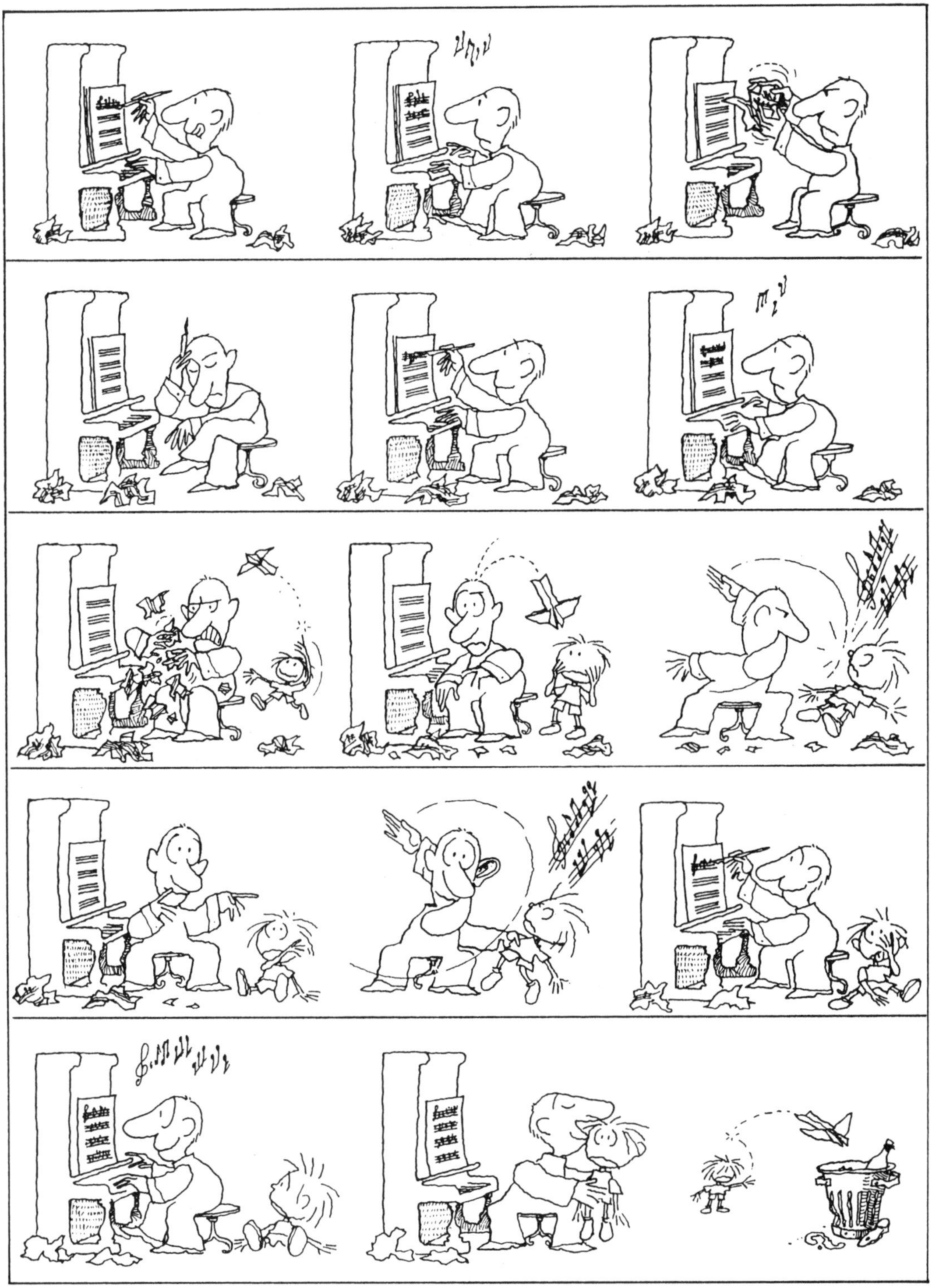

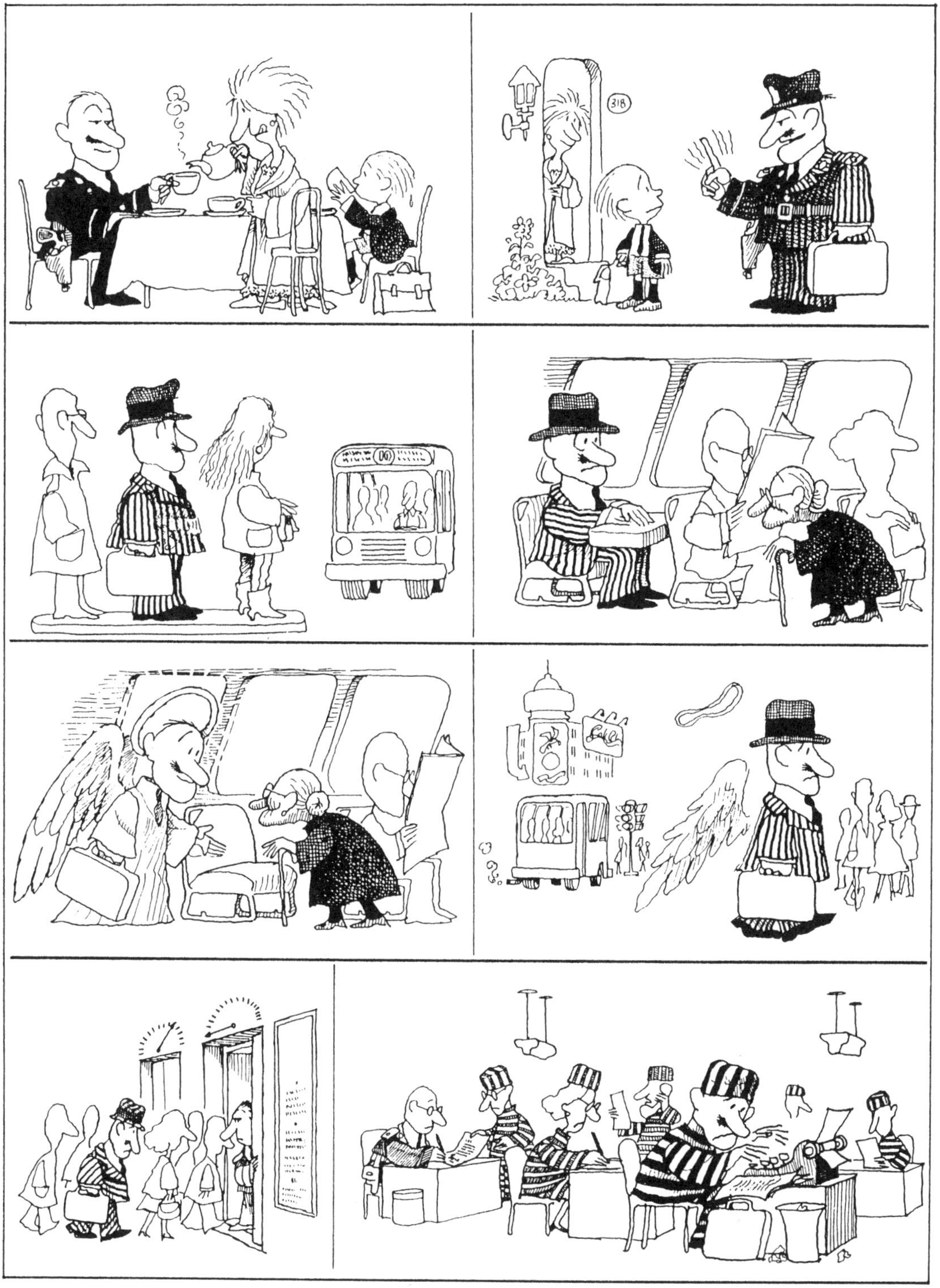
318

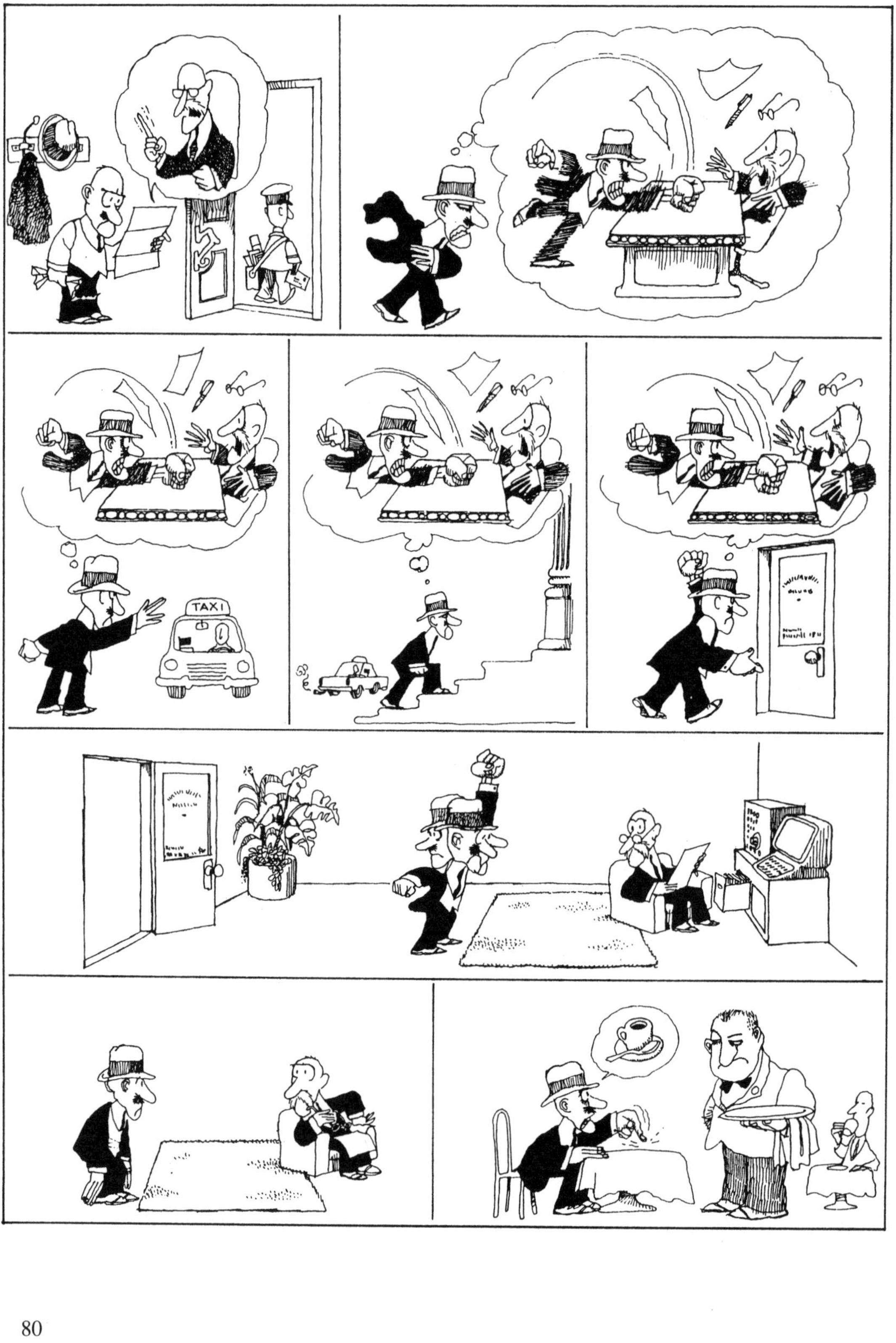
TAXI

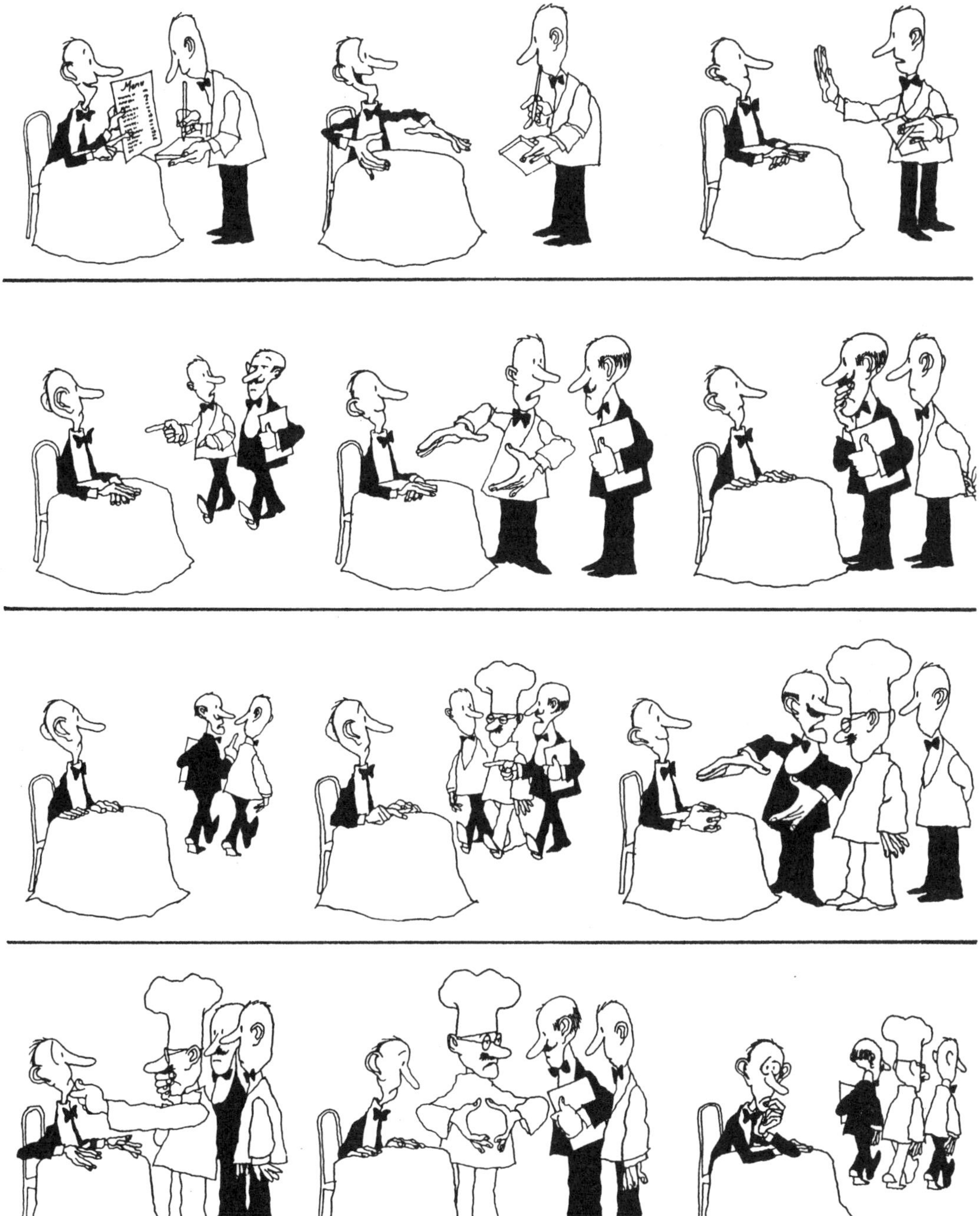
Menu

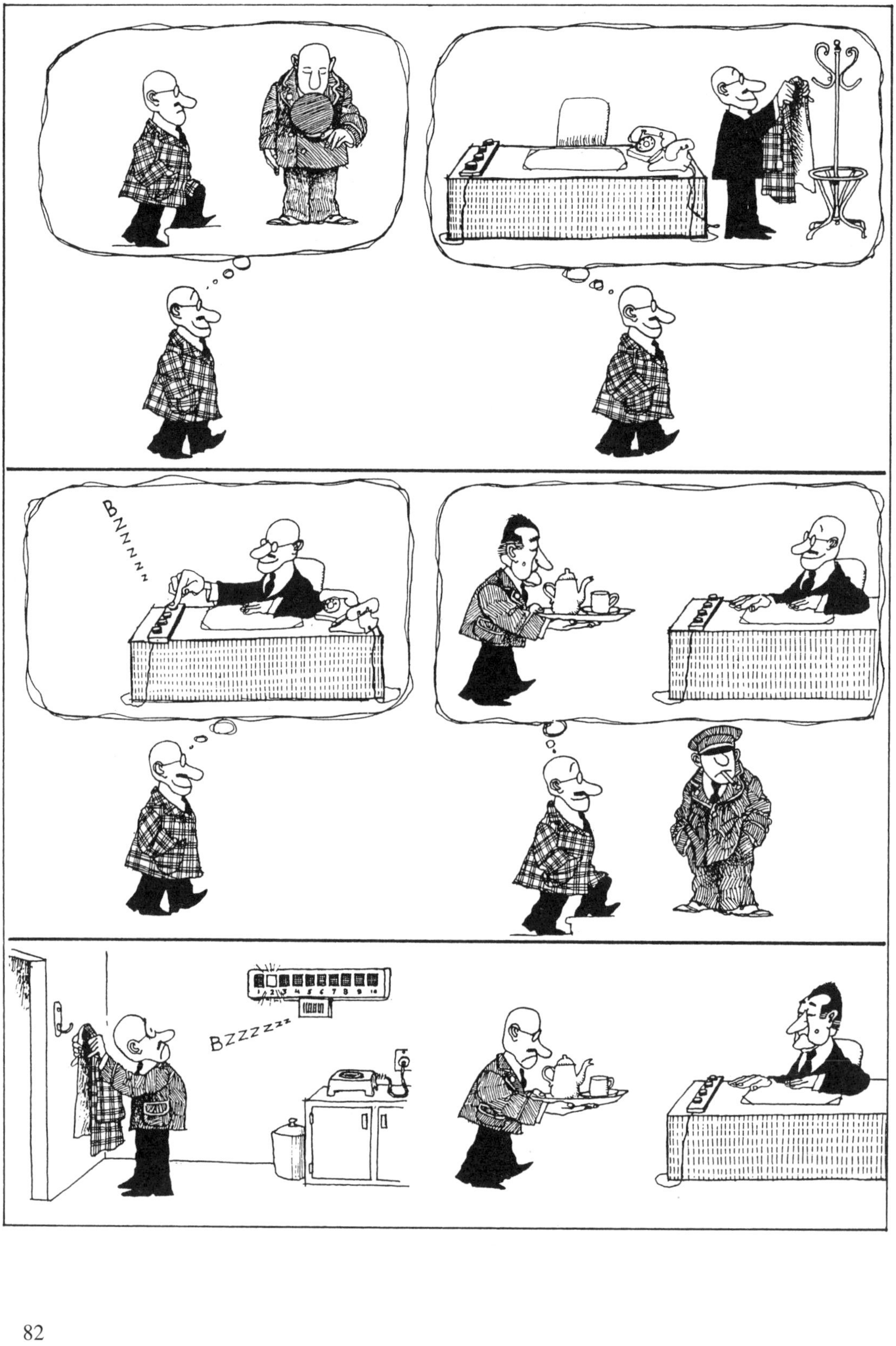
BZZZzz
BZZZZZzz
1 2 3 4 5 6 7 8 9 10

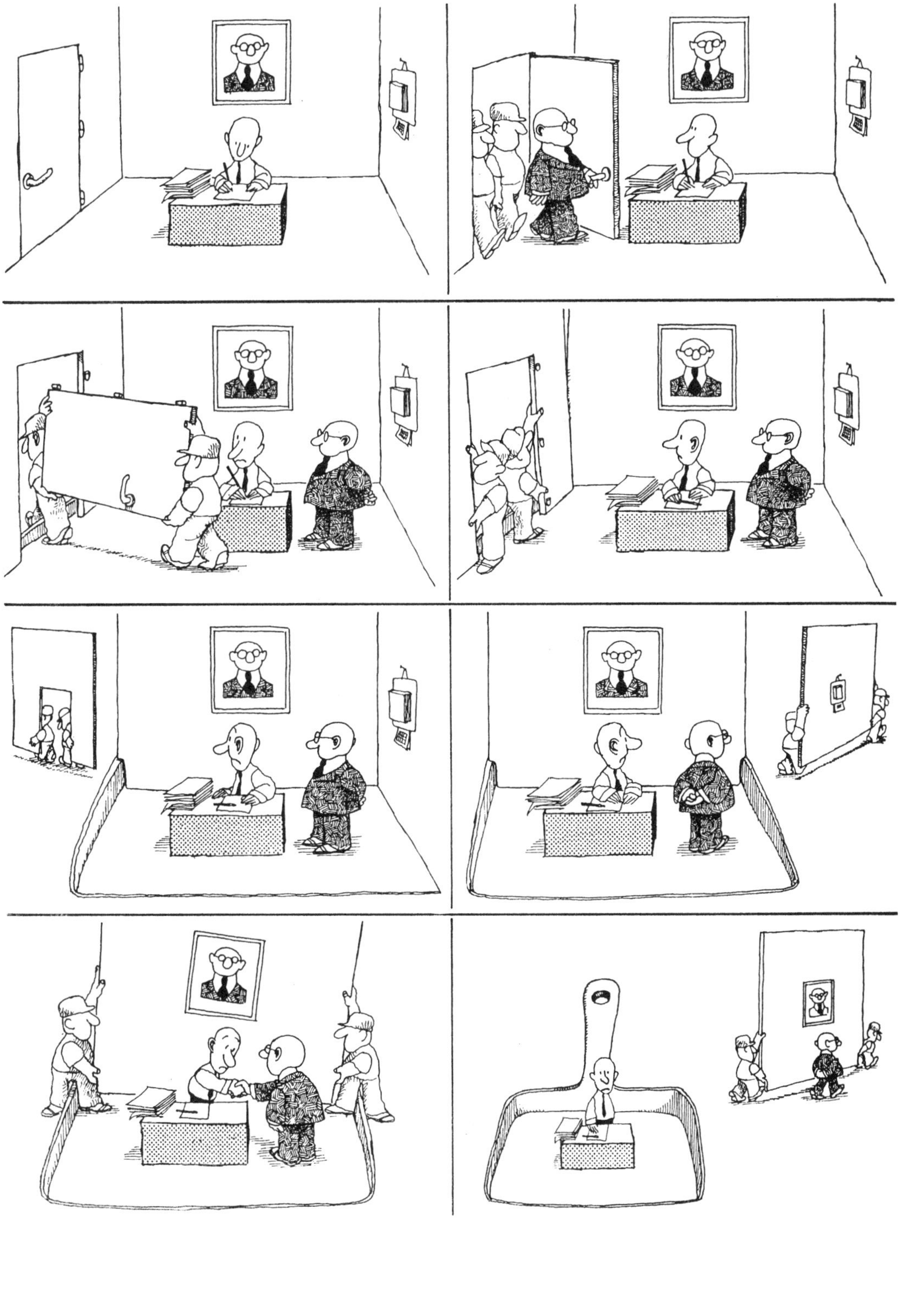

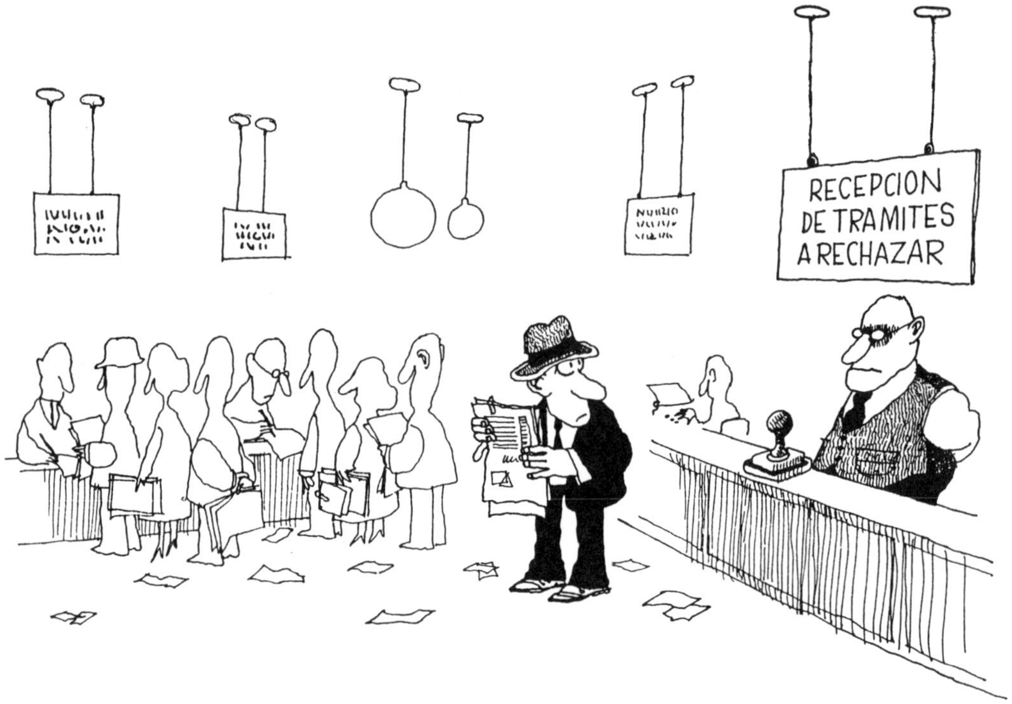
RECEPCION
DE TRAMITES
A RECHAZAR

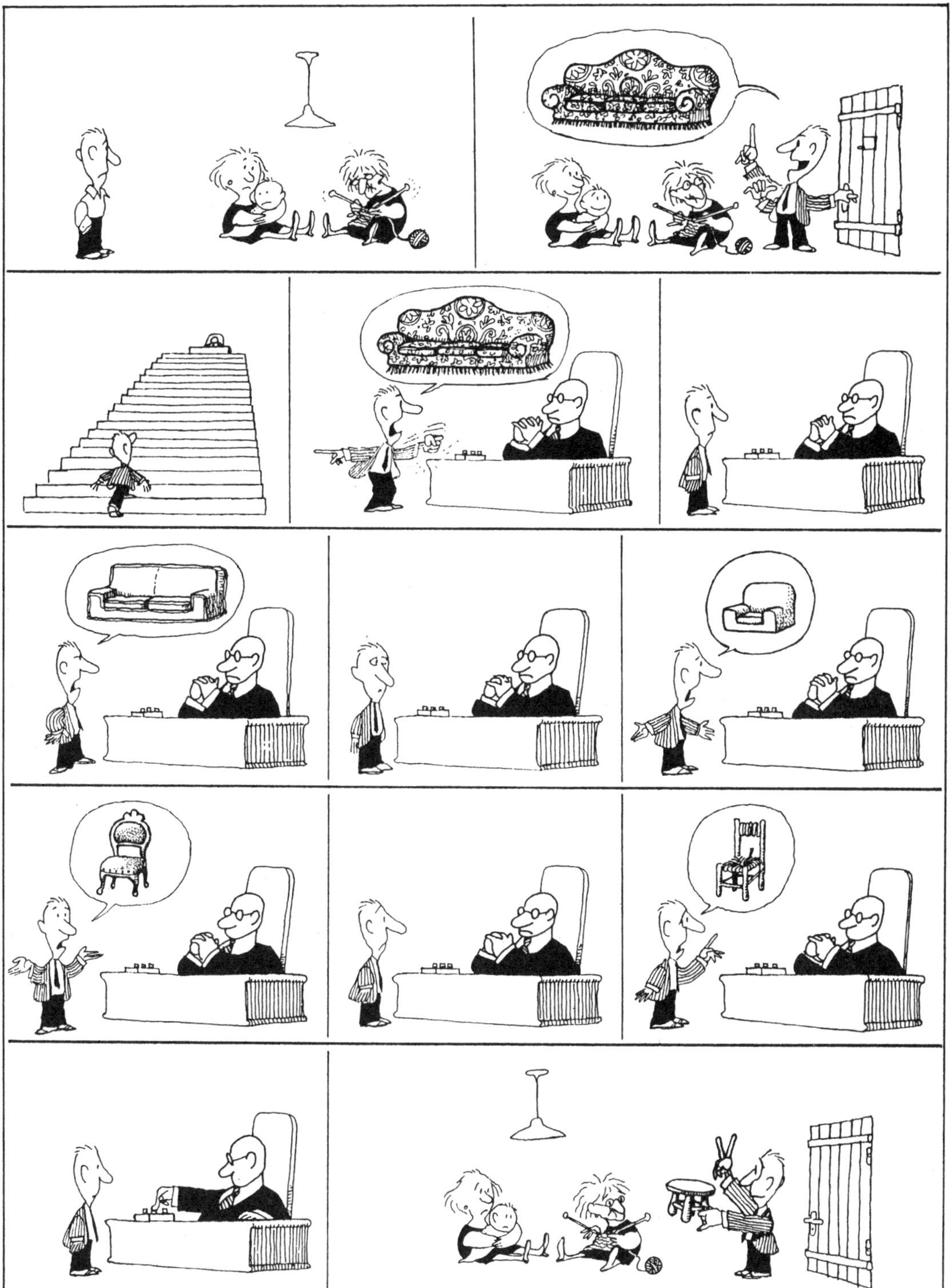

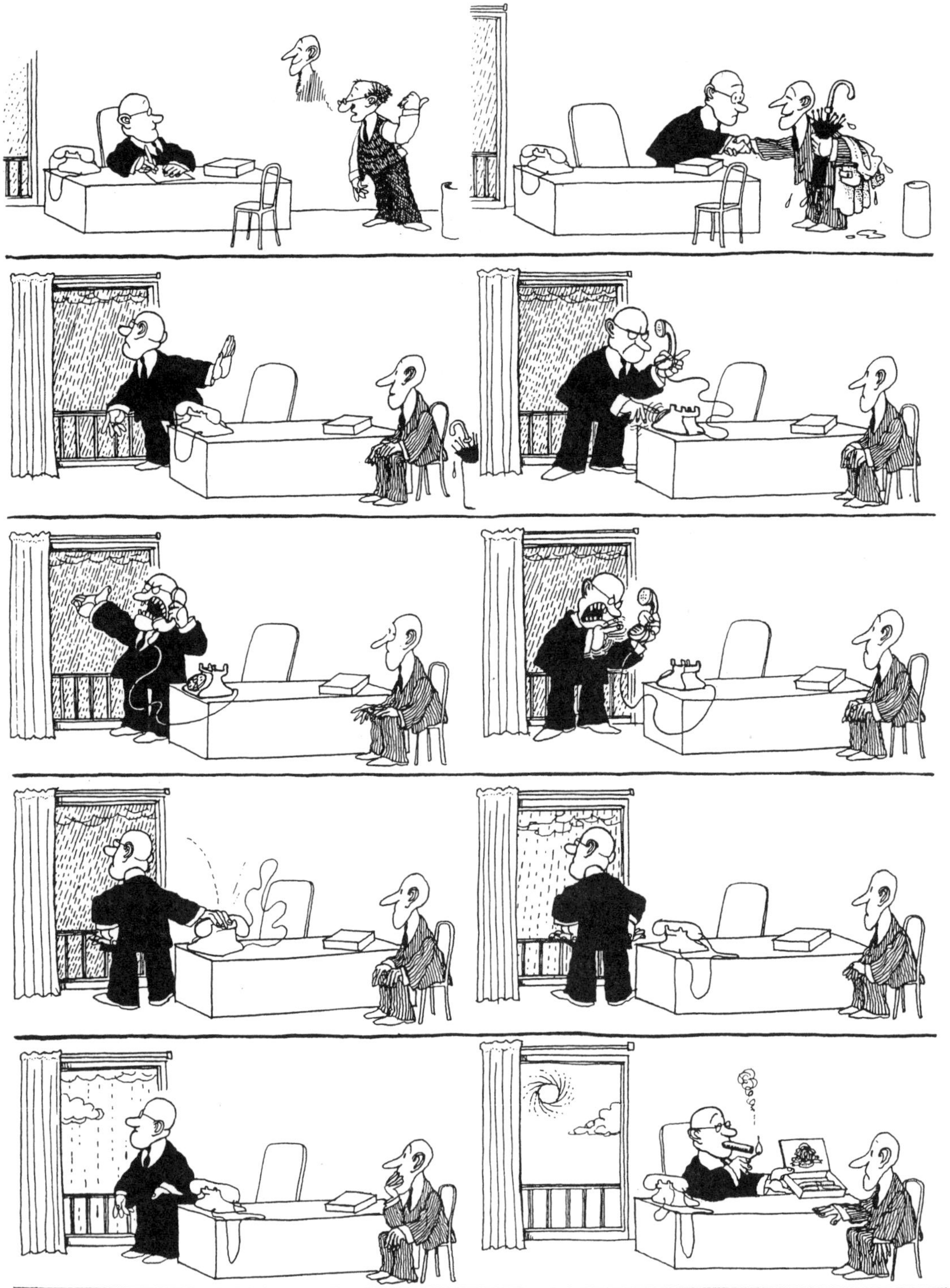

— ..... ¡¿ SABE UD. CON **QUIÉN** ESTÁ HABLANDO ?!

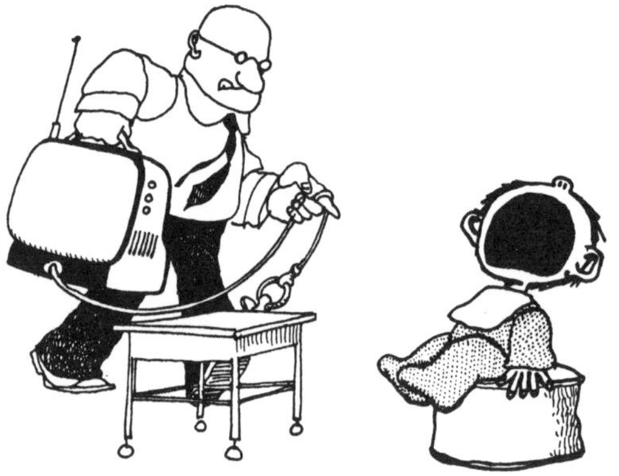

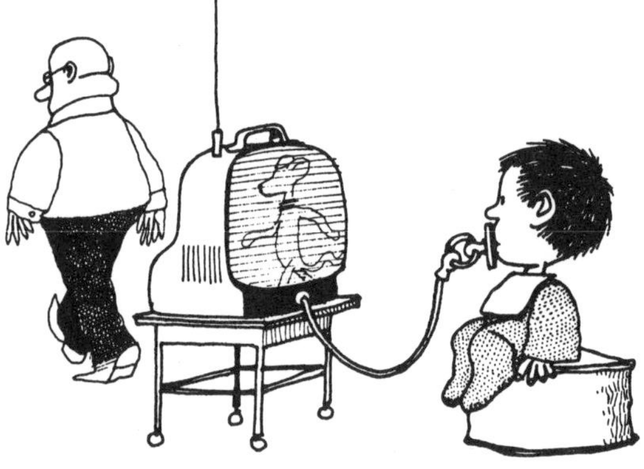

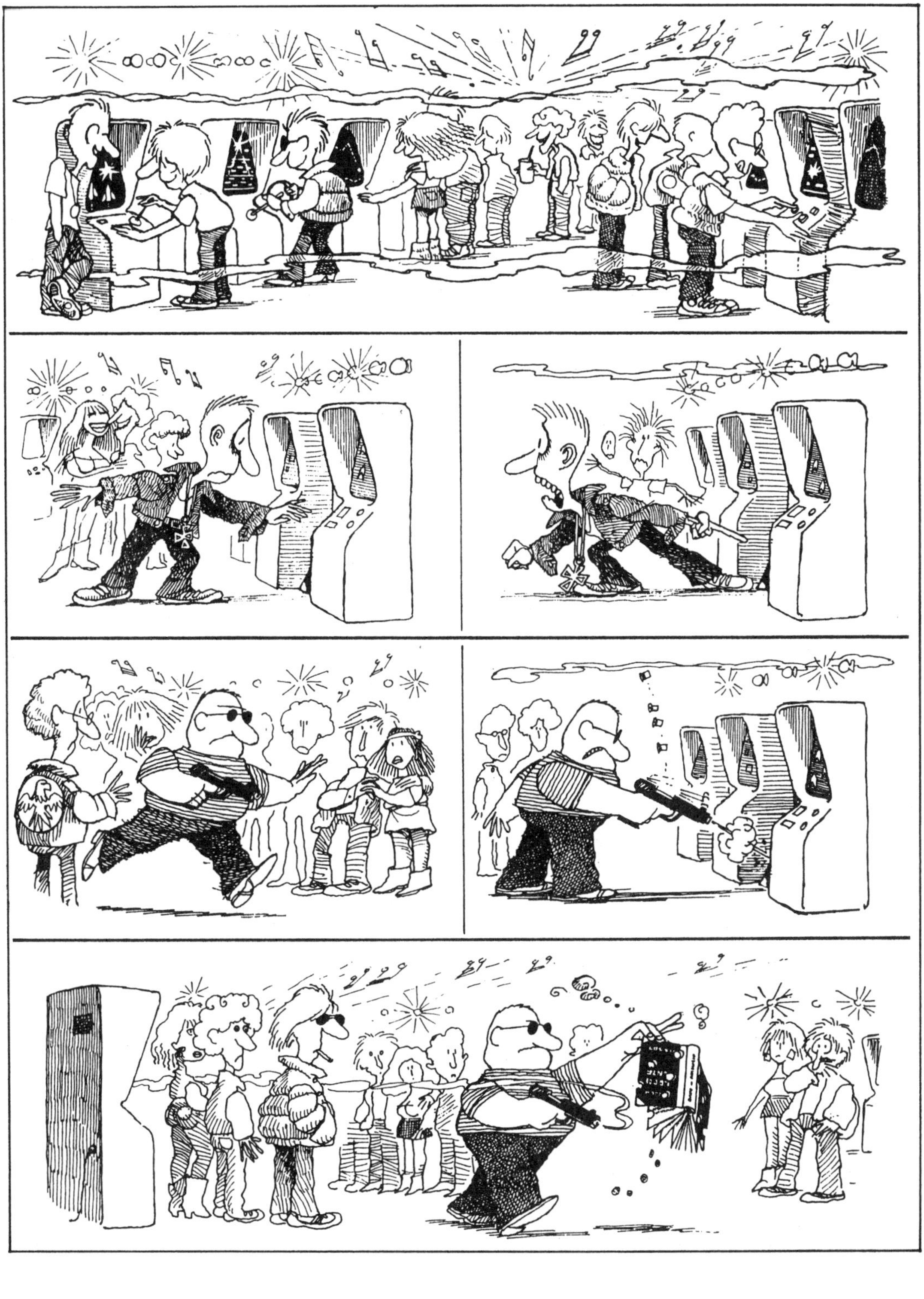

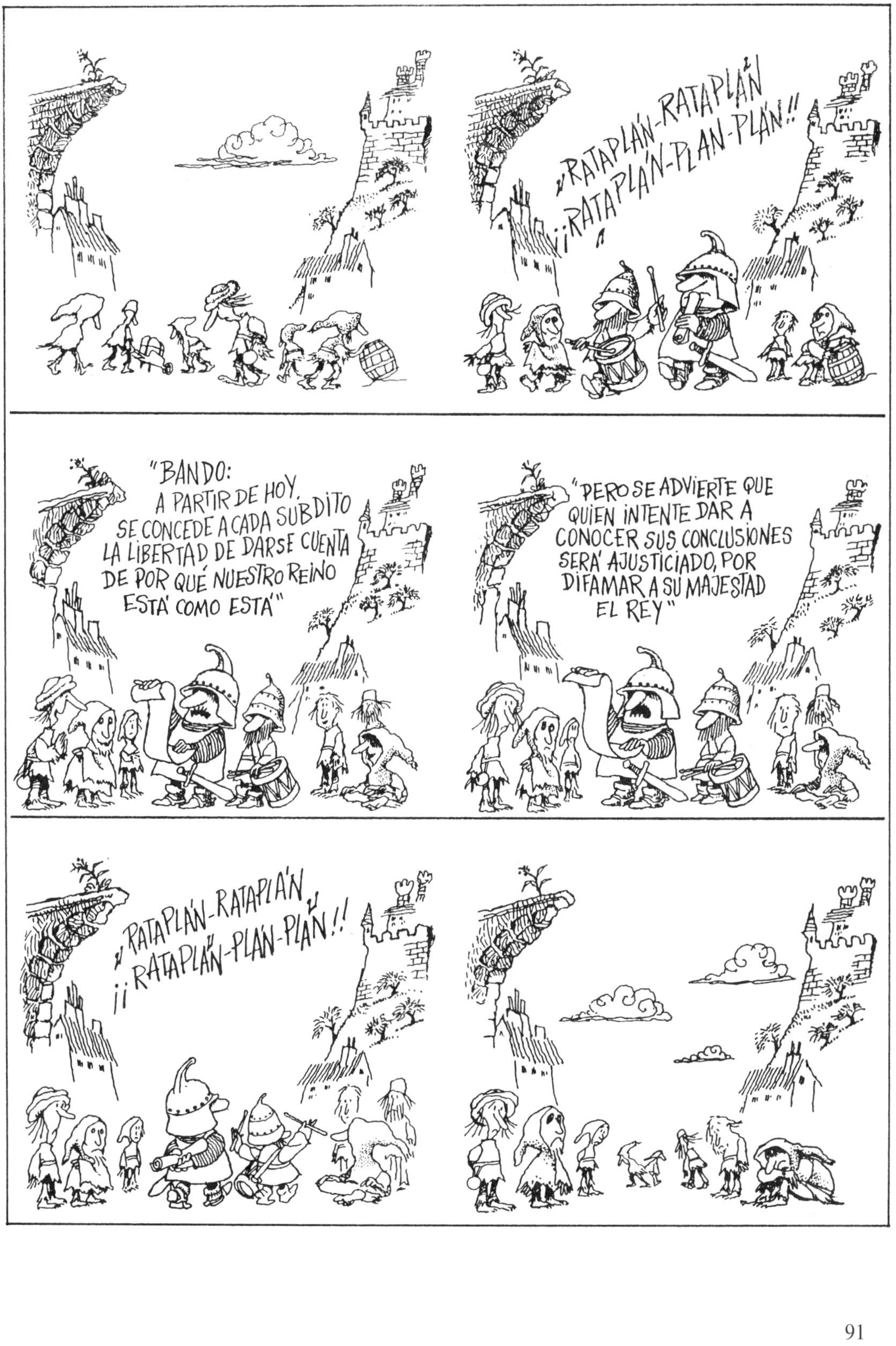
¡RATAPLÁN-RATAPLÁN
¡¡RATAPLÁN-PLAN-PLÁN!!
"BANDO:
A PARTIR DE HOY,
SE CONCEDE A CADA SÚBDITO
LA LIBERTAD DE DARSE CUENTA
DE POR QUÉ NUESTRO REINO
ESTÁ COMO ESTÁ"
"PERO SE ADVIERTE QUE
QUIEN INTENTE DAR A
CONOCER SUS CONCLUSIONES
SERÁ AJUSTICIADO, POR
DIFAMAR A SU MAJESTAD
EL REY"
¡RATAPLÁN-RATAPLÁN,
¡¡RATAPLÁN-PLÁN-PLÁN!!

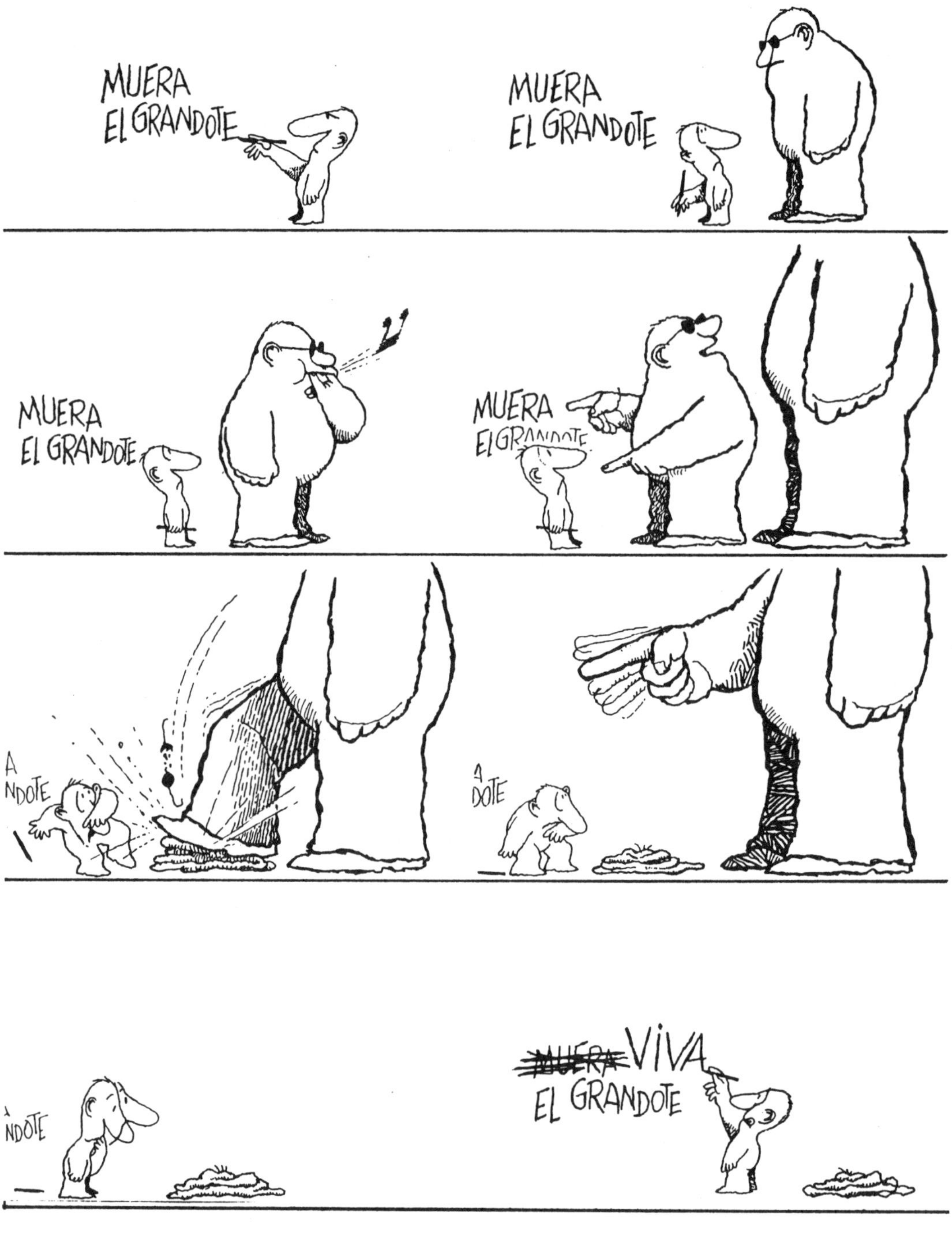
MUERA EL GRANDOTE
MUERA EL GRANDOTE
MUERA EL GRANDOTE
MUERA
~~MUERA~~ VIVA EL GRANDOTE

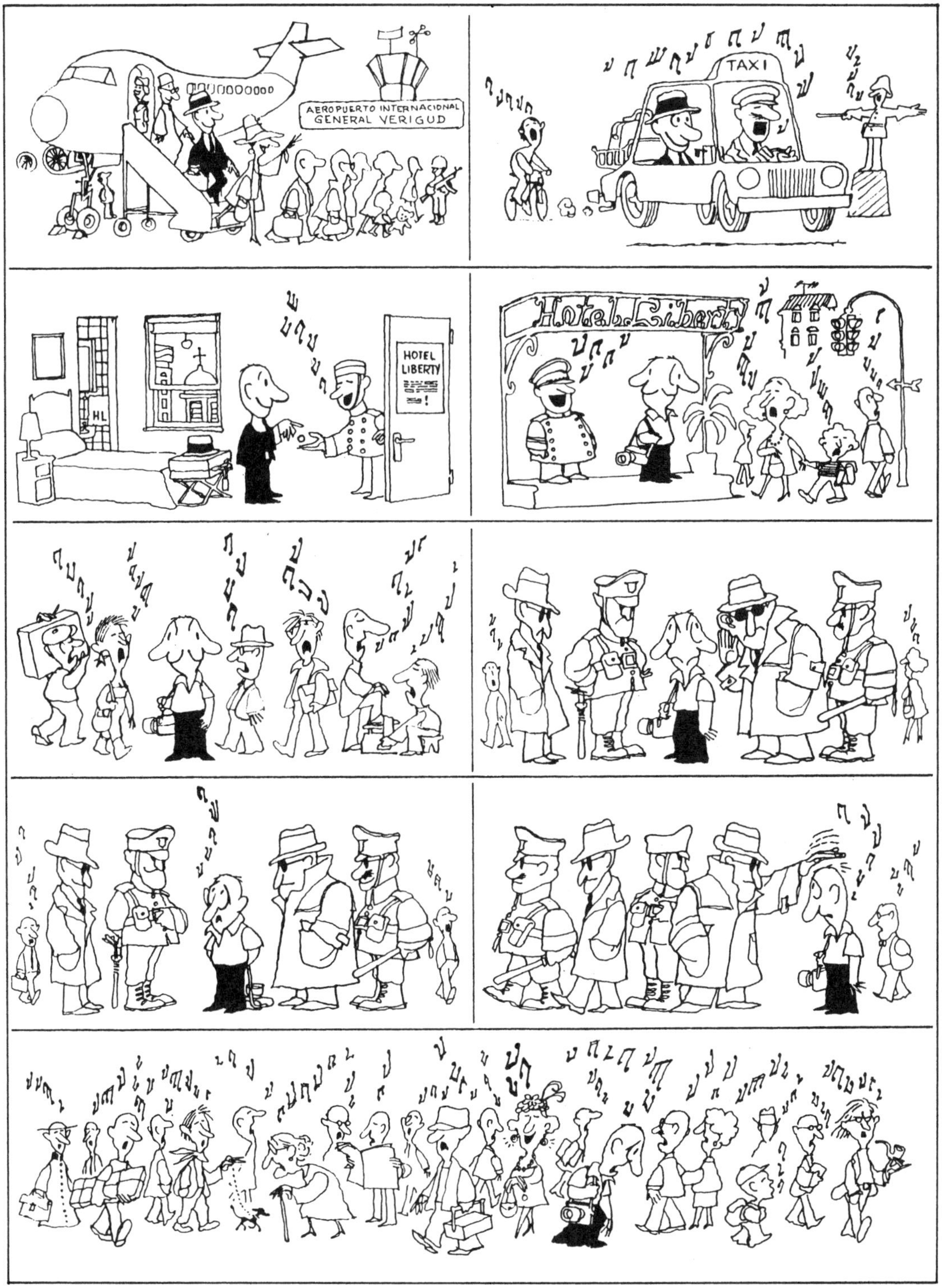
AEROPUERTO INTERNACIONAL
GENERAL VERIGUD
TAXI
HL
HOTEL
LIBERTY
Hotel Liberty

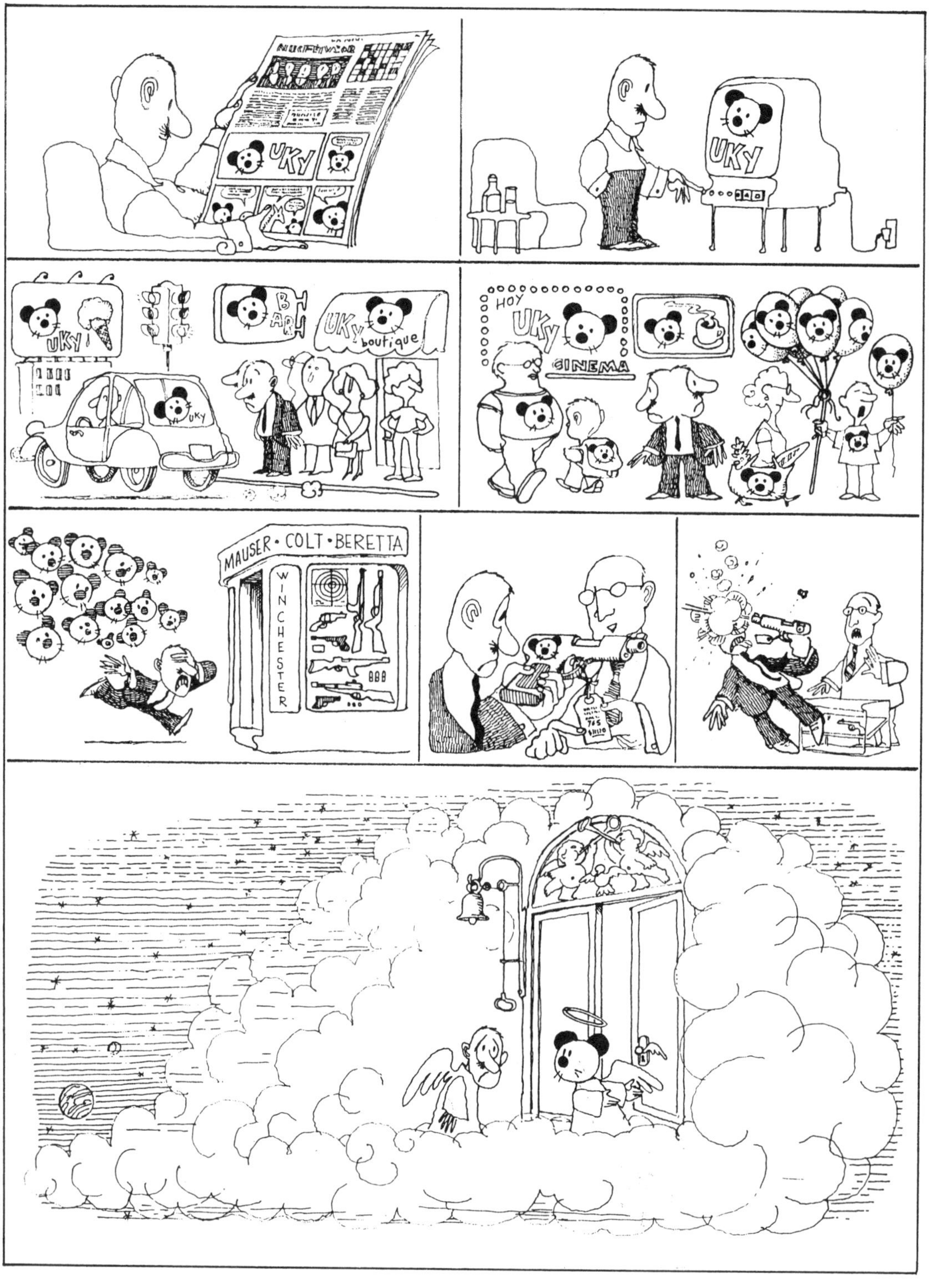
UKY
UKY
UKY
BAR
UKY boutique
UKY
HOY
UKY
CINEMA
MAUSER • COLT • BERETTA
WINCHESTER

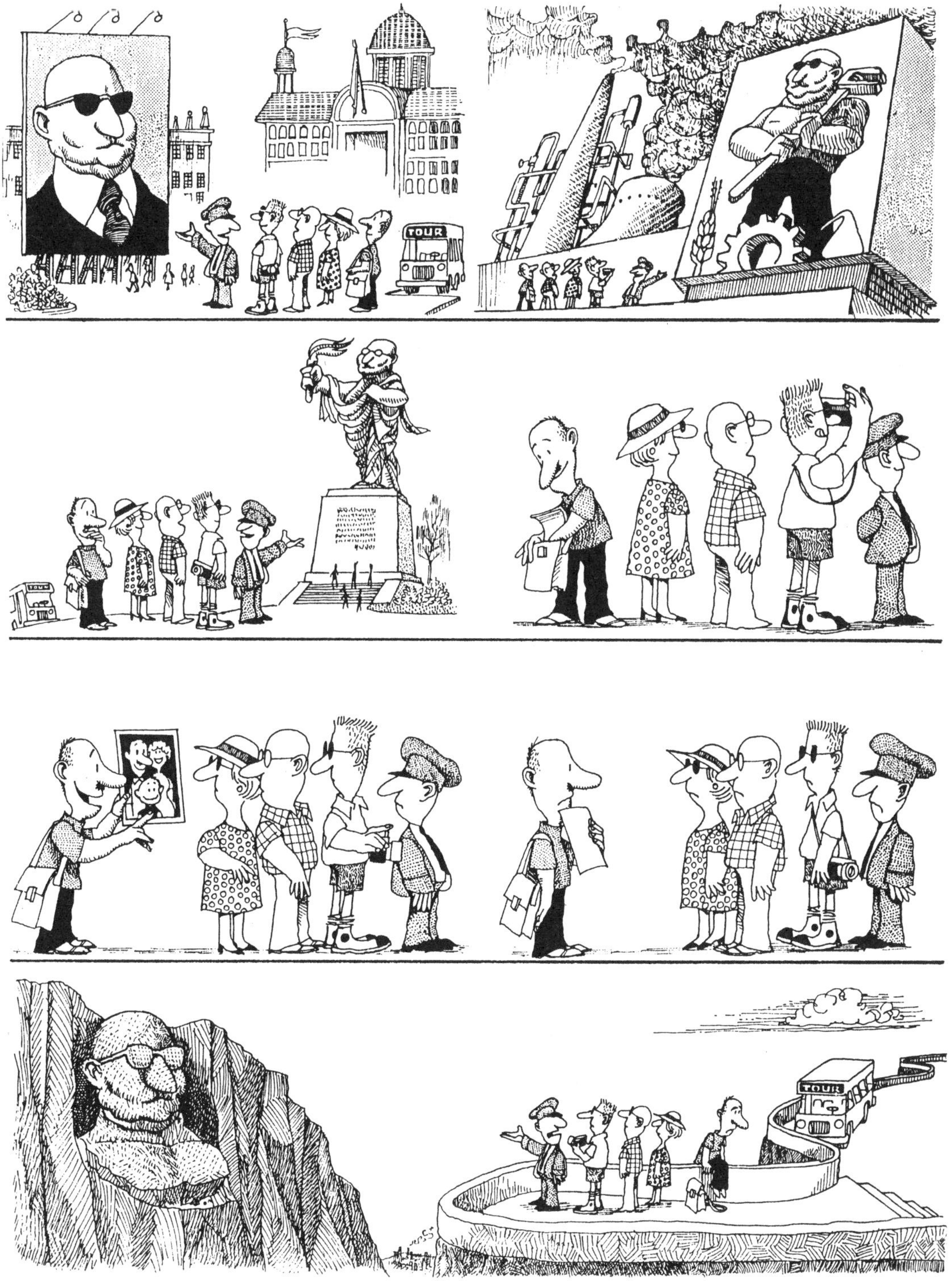
TOUR
TOUR
TOUR
TOUR

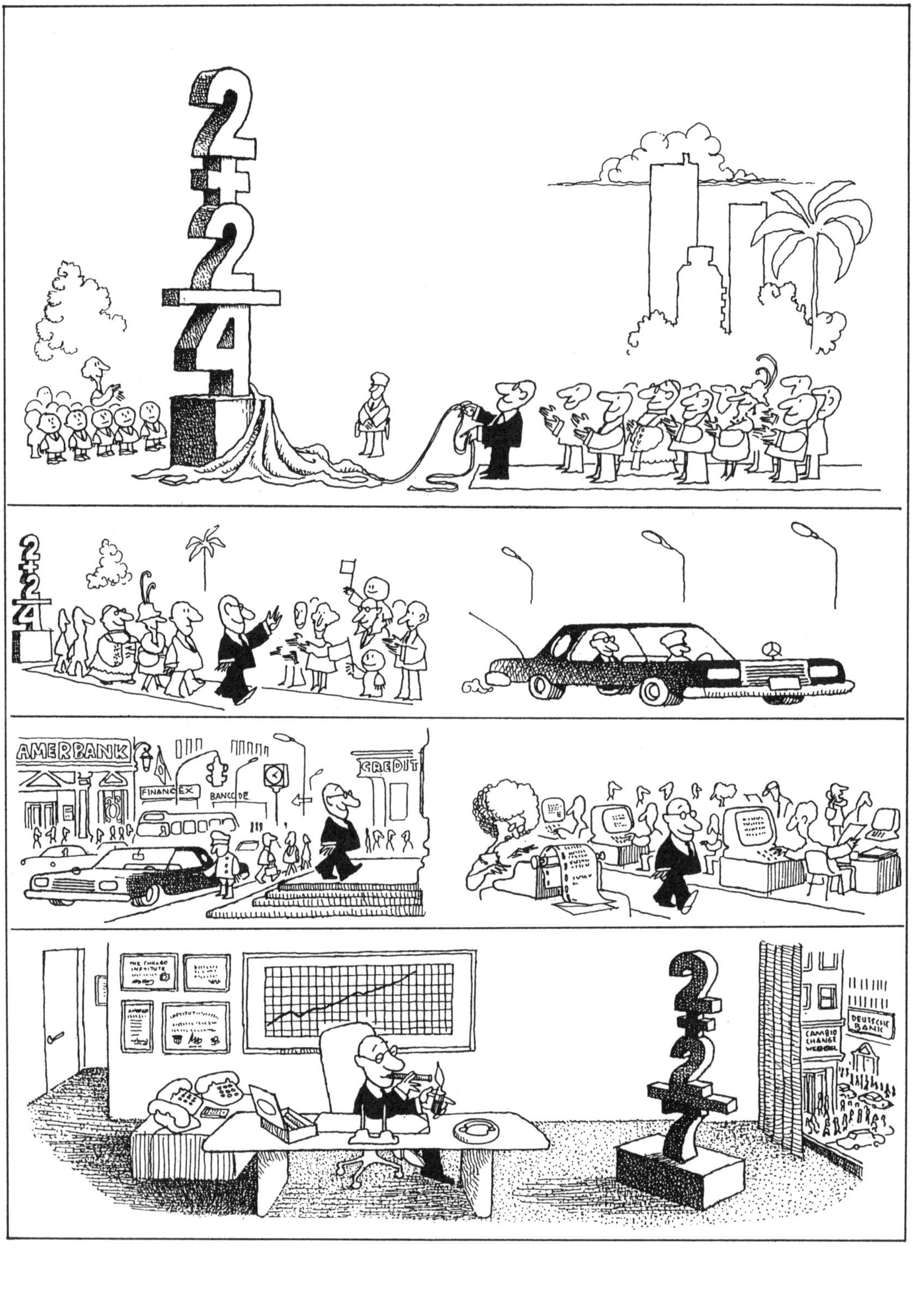
AMERBANK
FINANCEX
BANCO DE
CREDIT
DEUTSCHE BANK
CAMBIO
CHANGE
WECHSEL

—PERO....¡SI USTEDES MISMOS ME PIDIERON DESTACAR SUS DOTES DE HOMBRE DE ACCIÓN Y PADRE EJEMPLAR!

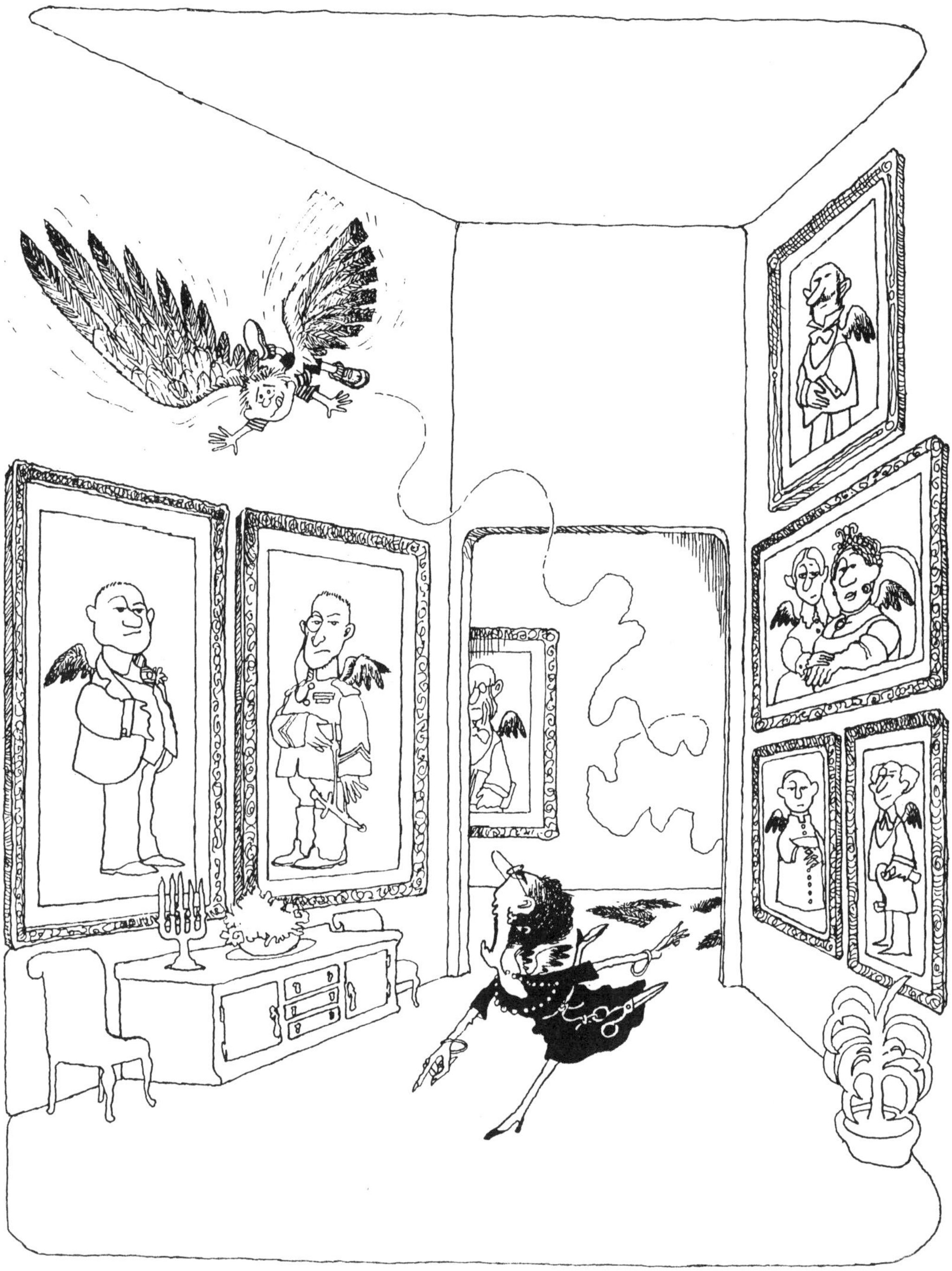

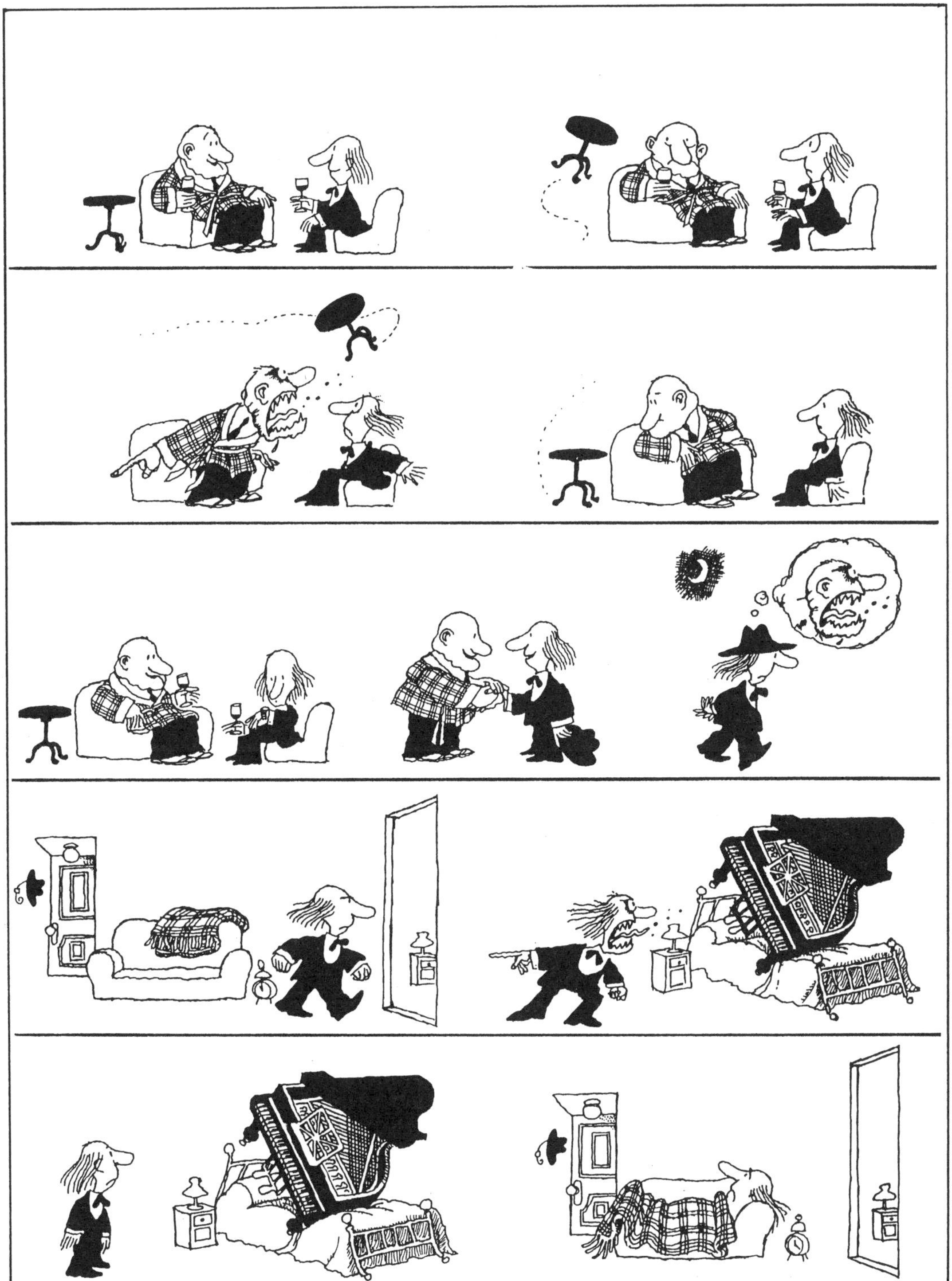

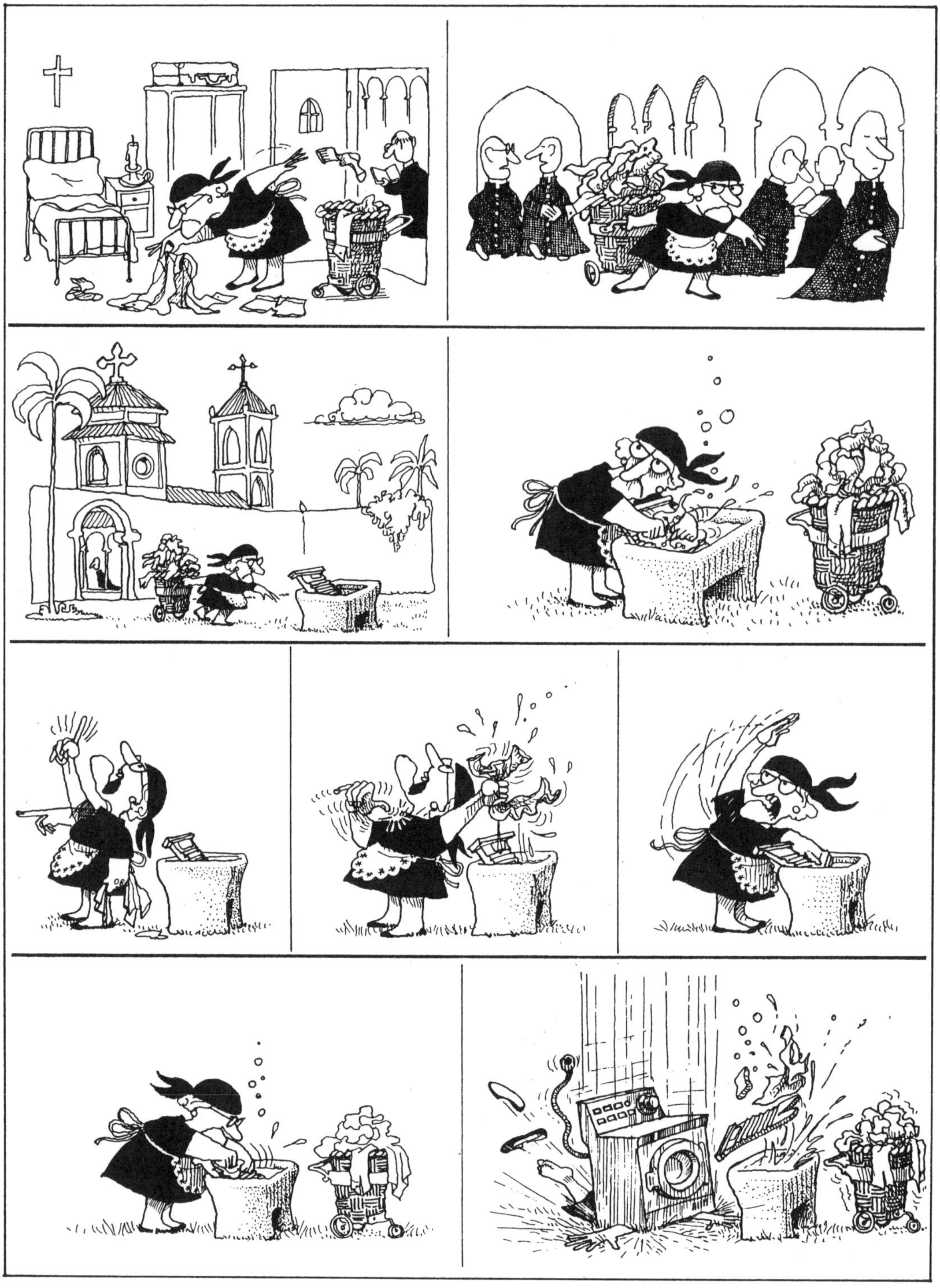

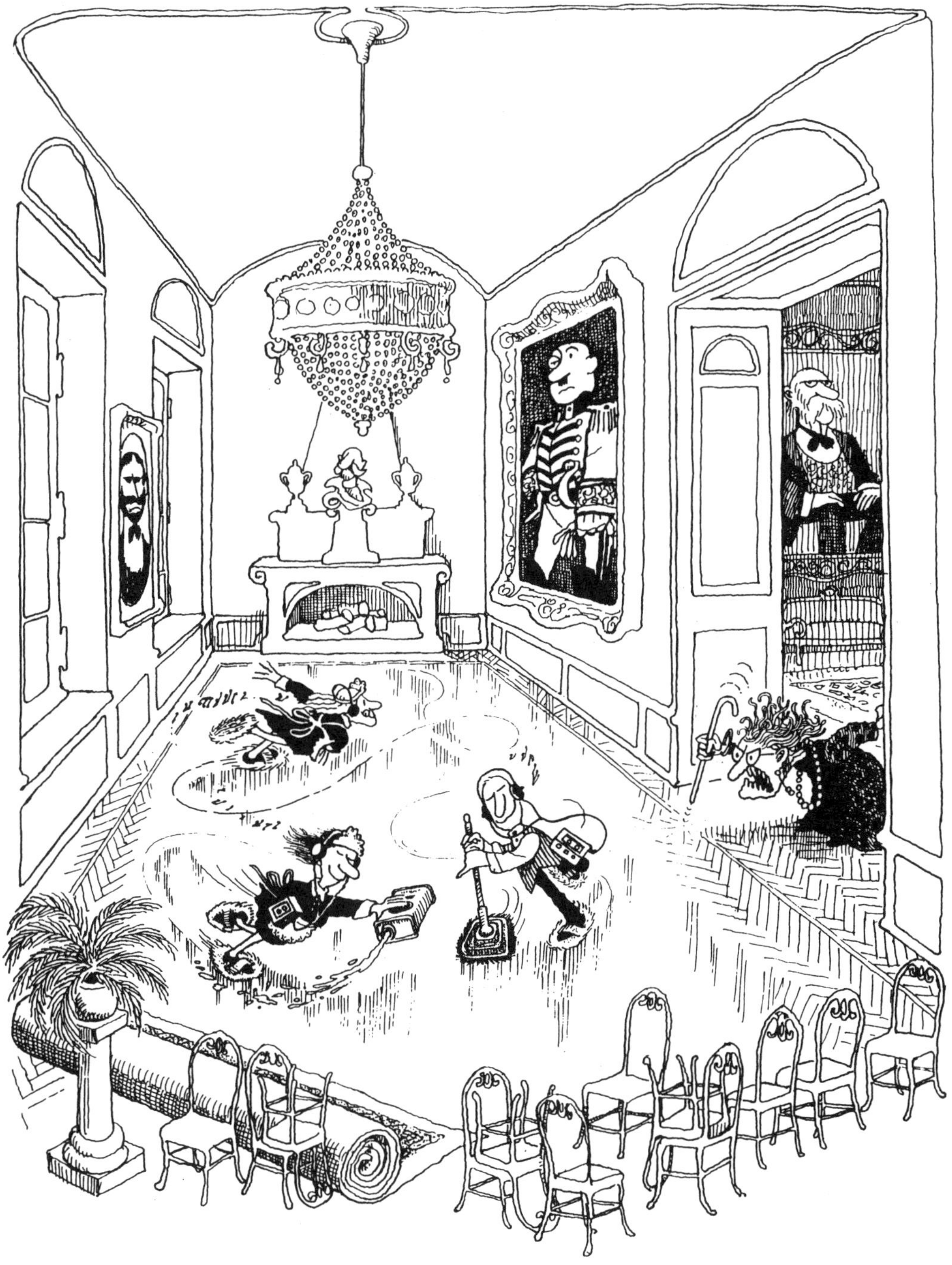

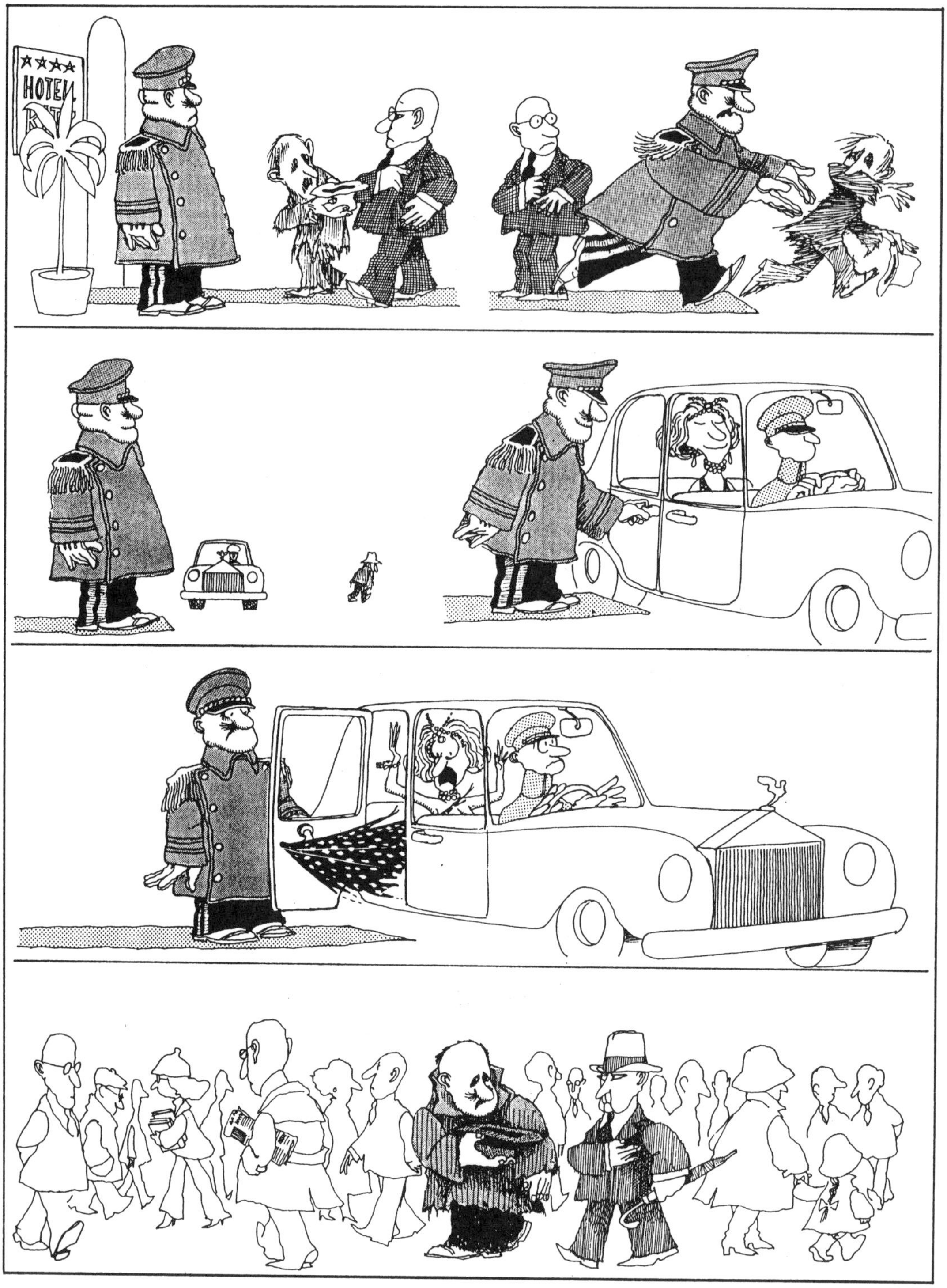
HOTEL

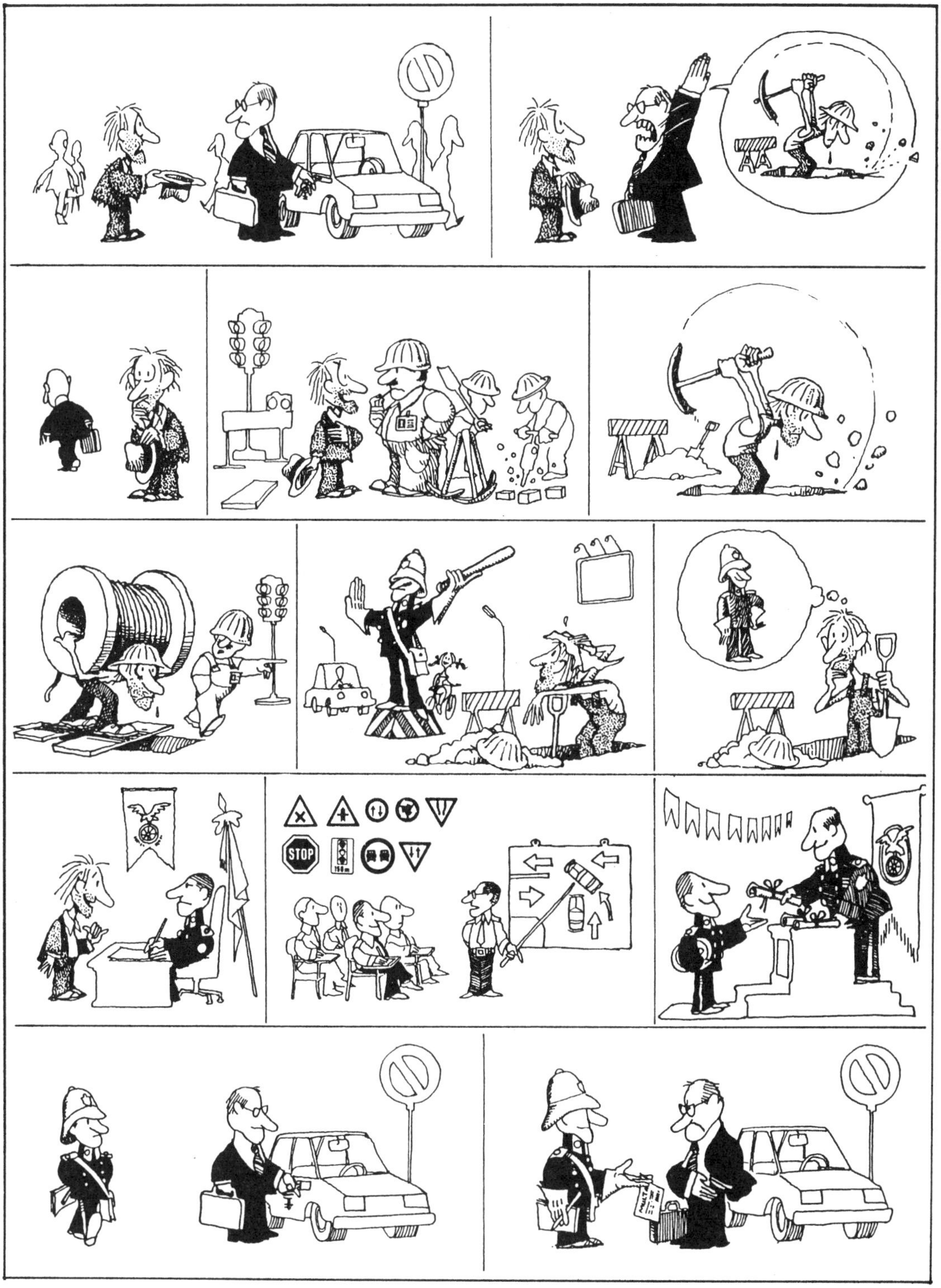
STOP

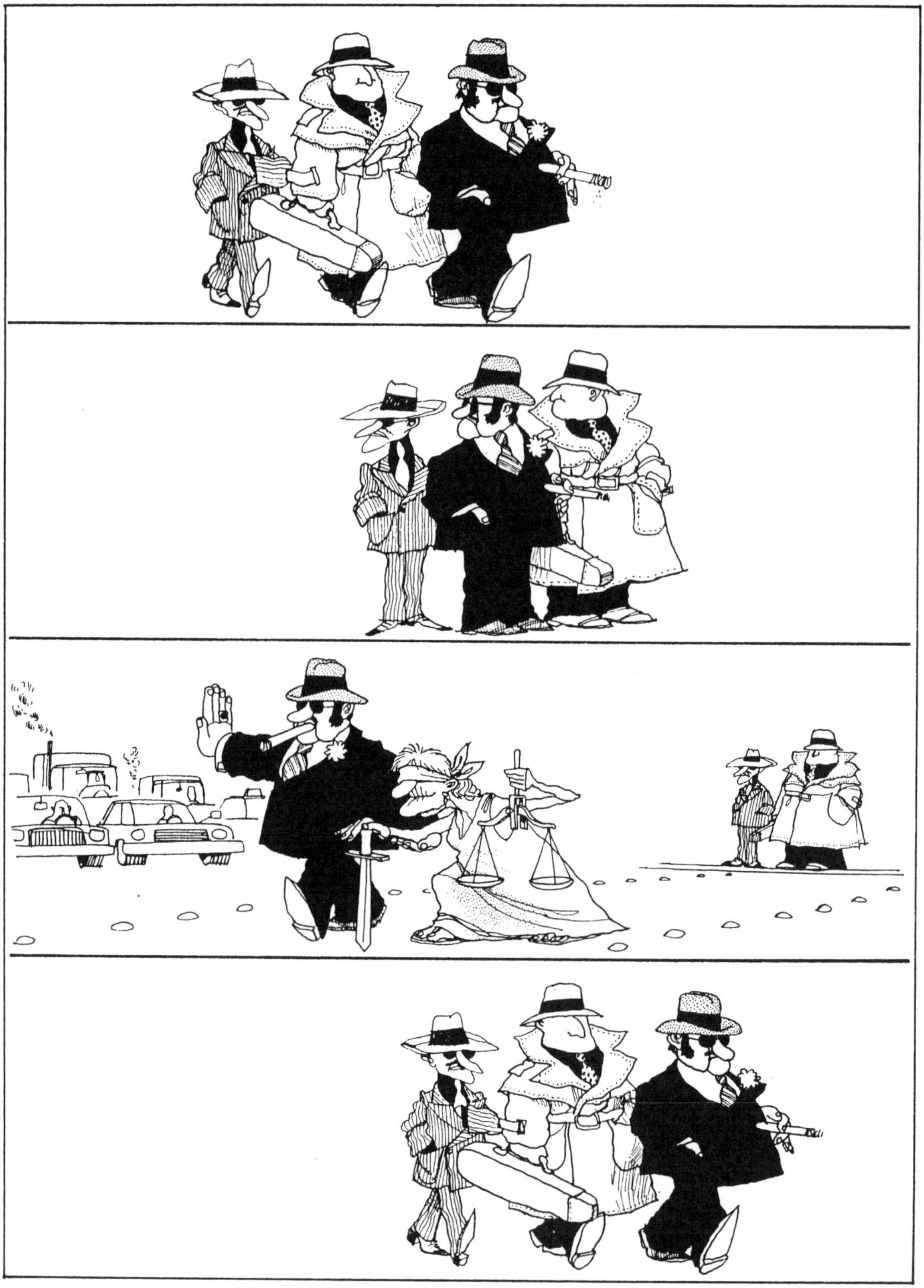

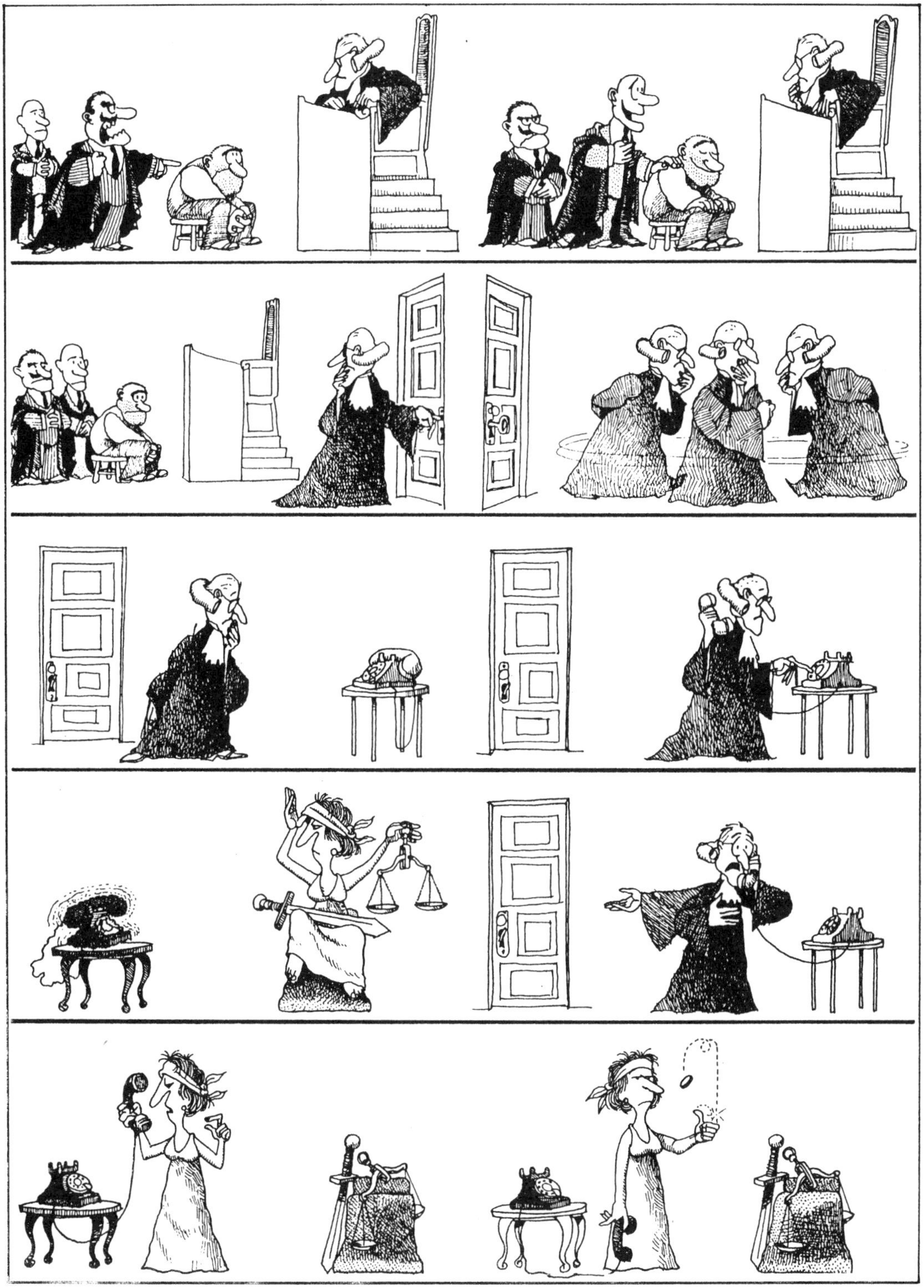

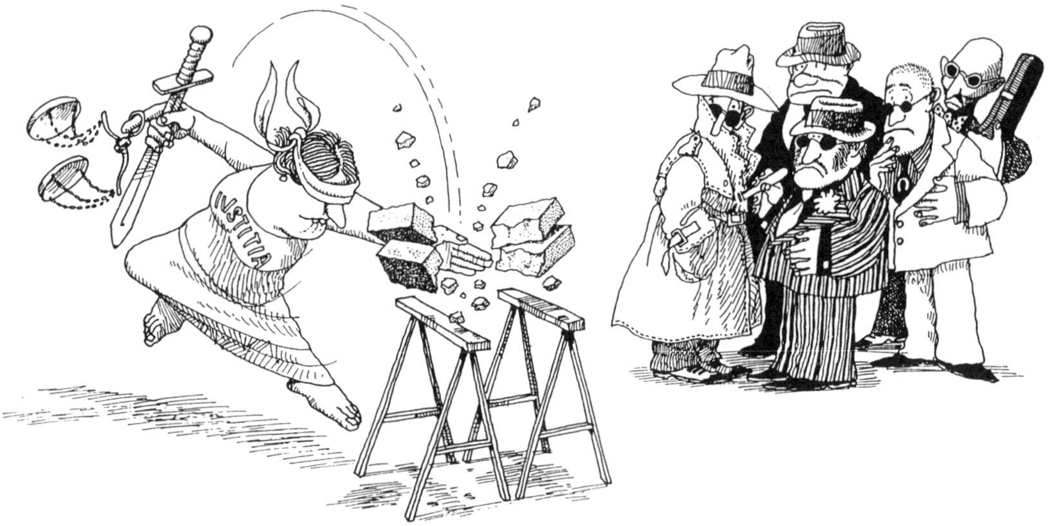
IVSTITIA

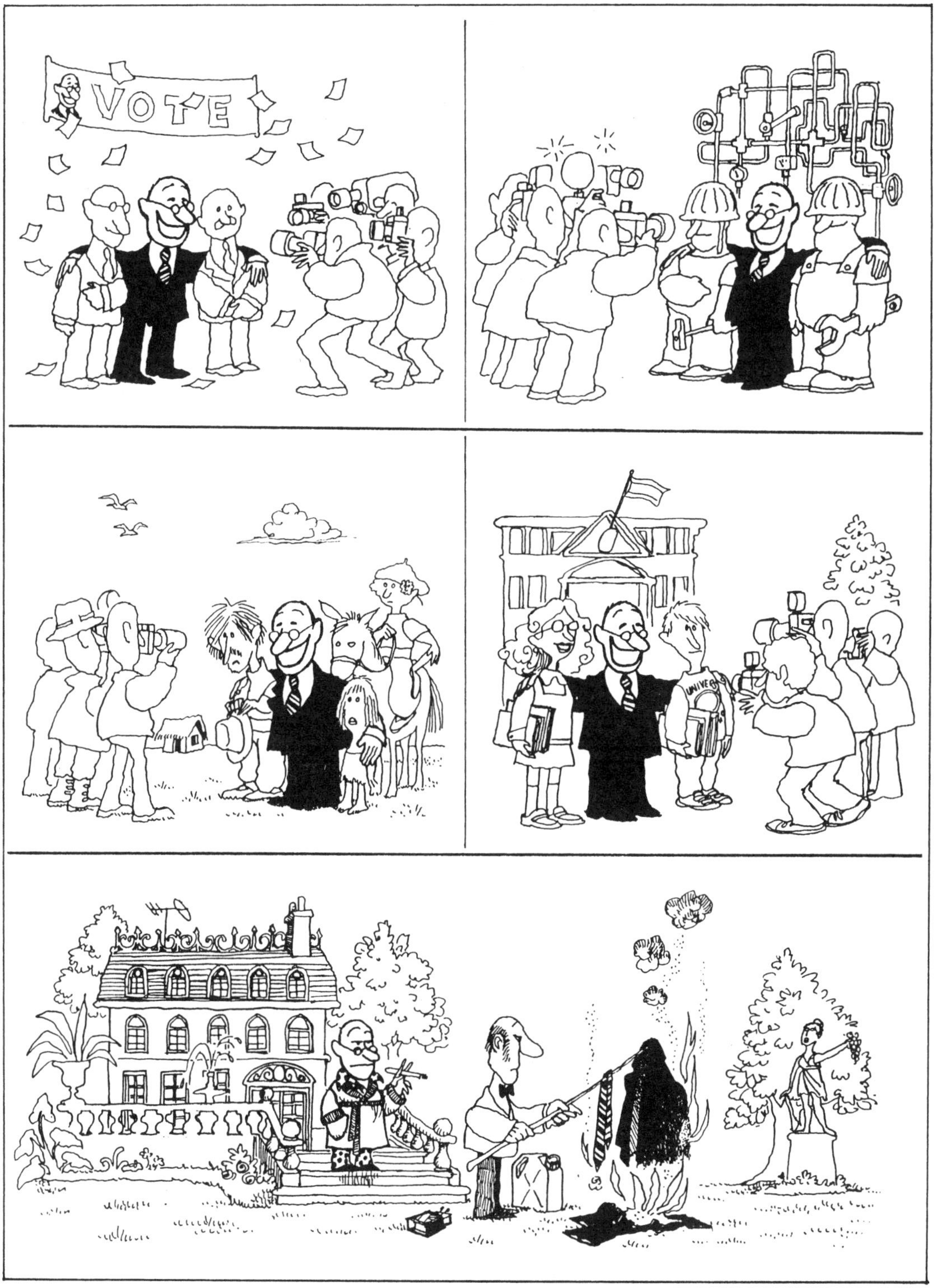
VOTE

SEÑOR, EL BAÑO ESTÁ LISTO.....
¡¡AH, PERO YO LO DESPIDO¿EH?!..
¡¡Ni BIEN PODAMOS DEVOLVERLE SUS COCHINOS AHORROS QUE NOS PRESTA PARA VIVIR, LO DESPIDO!!...

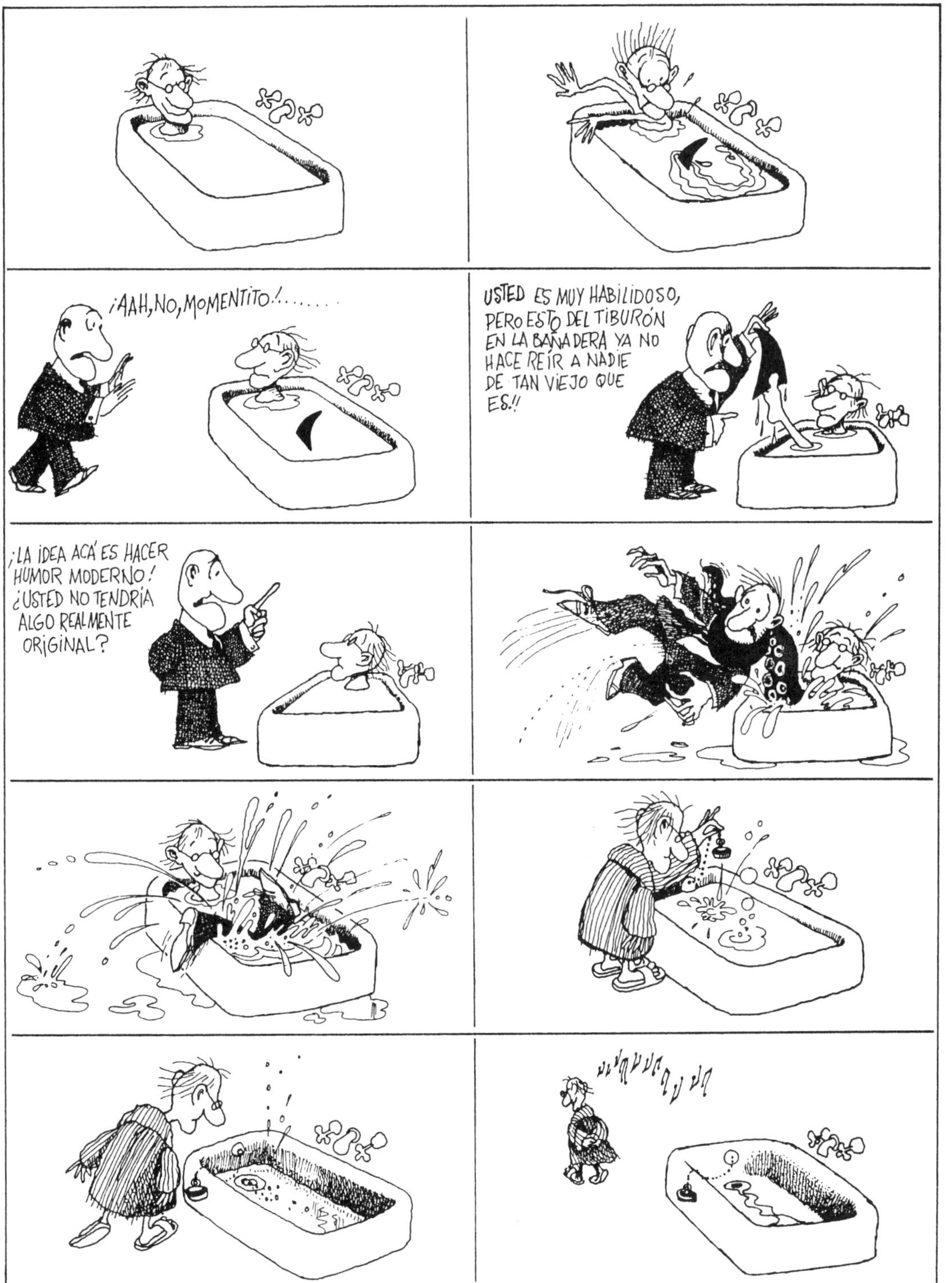

¡AAH, NO, MOMENTITO!.......
USTED ES MUY HABILIDOSO, PERO ESTO DEL TIBURÓN EN LA BAÑADERA YA NO HACE REÍR A NADIE DE TAN VIEJO QUE ES!!
¡LA IDEA ACÁ ES HACER HUMOR MODERNO! ¿USTED NO TENDRÍA ALGO REALMENTE ORIGINAL?

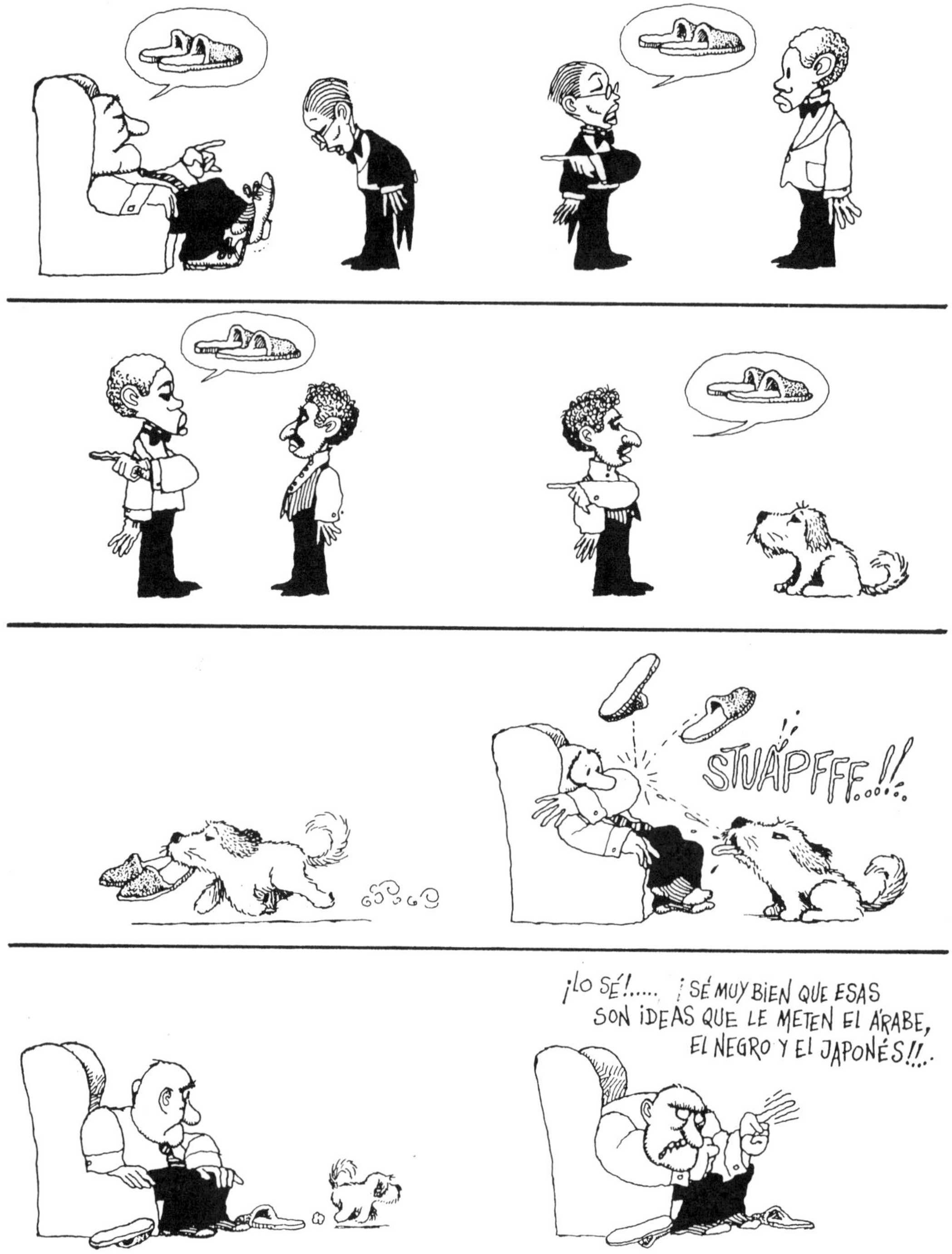
STUÁPFFF..!!..
¡LO SÉ!..... ¡SÉ MUY BIEN QUE ESAS SON IDEAS QUE LE METEN EL ÁRABE, EL NEGRO Y EL JAPONÉS!!..

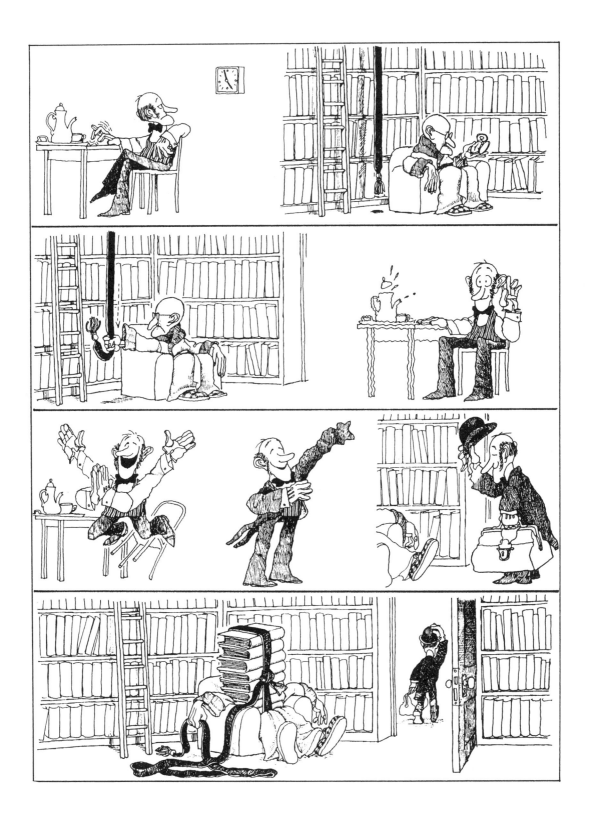

111

Joaquín Lavado, **Quino**, nació el 17 de julio de 1932 en Mendoza, Argentina, en el seno de una familia de emigrantes andaluces. Descubrió su vocación como dibujante a los tres años. En 1954 publica su primera página de chistes en el semanario bonaerense *Esto es*. En 1964, su personaje Mafalda comienza a aparecer con regularidad en el semanario *Primera Plana*. El éxito de sus historietas le brinda la oportunidad de publicar en el diario nacional *El Mundo* y será el detonante del boom editorial que se extenderá por todos los países de lengua castellana. Tras la desaparición de *El Mundo* y un año de ausencia, Mafalda regresa a la prensa gracias al semanario *Siete Días* en 1968, y en 1970 llega a España de la mano de Esther Tusquets y de la editorial Lumen. En 1973 Mafalda y sus amigos se despiden para siempre de sus lectores. Se han instalado esculturas del personaje en Buenos Aires, Oviedo y Mendoza. Lumen ha publicado los once tomos recopilatorios de viñetas de Mafalda, numerados de 0 a 10, y también en un único volumen —*Mafalda. Todas las tiras* (2011)—, así como las viñetas que permanecían inéditas y que integran junto al resto el libro *Todo Mafalda*, publicado con ocasión del cincuenta aniversario del personaje, y las recopilaciones *Mafalda. Femenino singular* (2018), *Mafalda. En esta familia no hay jefes* (2019), *El amor según Mafalda* (2020), *La filosofía de Mafalda* (2021), *Mafalda presidenta* (2022) y *Mafalda para niñas y niños* (2023). También han aparecido en Lumen los libros de viñetas humorísticas del dibujante, entre los que destacan *Mundo Quino* (2008), *Quinoterapia* (2008), *Simplemente Quino* (2016), el volumen recopilatorio *Esto no es todo* (2008) y *Quino inédito* (2023).

Quino ha logrado tener una gran repercusión en todo el mundo, sus libros han sido traducidos a más de veinte lenguas y dialectos (los más recientes son el armenio, el búlgaro, el hebreo, el polaco y el guaraní), y ha sido galardonado con premios tan prestigiosos como el Príncipe de Asturias de Comunicación y Humanidades y el B'nai B'rith de Derechos Humanos. Quino murió en Mendoza el 30 de septiembre de 2020.

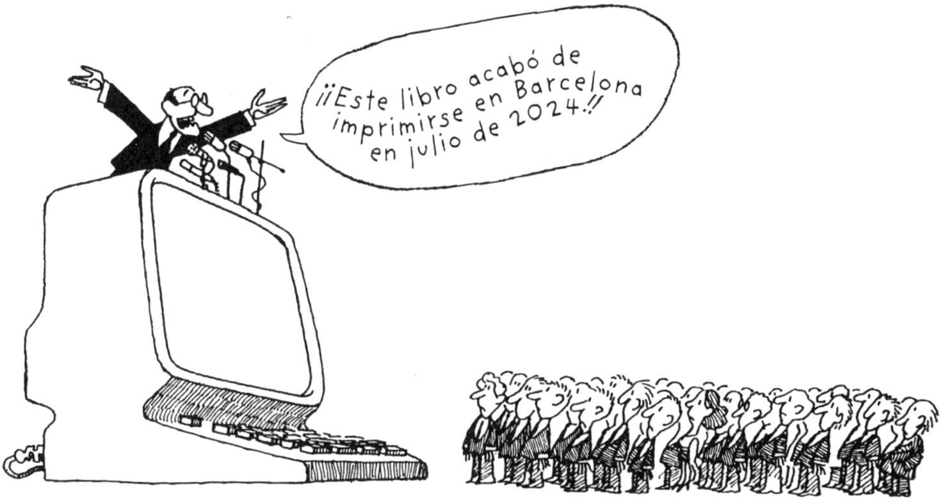
¡¡Este libro acabó de imprimirse en Barcelona en julio de 2024!!